思想觀念的帶動者
文化現象的觀察者
本土經驗的整理者
生命故事的關懷者

心靈工坊
|PsyGarden|
Master

對於人類心理現象的描述與詮釋
有著源遠流長的古典主張,有著素簡華麗的現代議題
構築一座探究心靈活動的殿堂
我們在文字與閱讀中,找尋那奠基的源頭

Freud Is Back III
New Translation of Sigmund Freud's *The Ego and the Id*,
with a Further Discourse on Ego and Self by Donald McIntosh

我與它

佛洛伊德（Sigmund Freud）——著
宋文里——選文・翻譯・評註

{目次}

【推薦序一】等路：迂行面向「我與它，我與我」／林耀盛　　7

【推薦序二】亂局中的精神分析與其翻譯／沈志中　　12

譯序（一）　　21

1 「我」與「它」　　36

　　譯者說明 / 37

　　編者（英譯者）導論 / 39

　　序 / 52

　　I. 意識以及何謂無意識 / 53

　　II. 「我」與「它」/ 61

　　III. 「我」與「超我」（「我理想」）/ 73

　　IV. 驅力的兩種類別 / 88

　　V. 「我」的種種依賴性關係 / 98

　　附錄 A：描述性的無意識與動力性的無意識 / 114

　　附錄 B：力比多的巨大水庫 / 117

譯序（二） 122

2 佛洛伊德思想中的 Ego 與 Self 130

緒論 / 131

THE EGO 的理論 / 138

人的性格發展 / 149

補充：「意向的對象」之觀念 / 153

Ego 做為對象（THE SELF）/ 157

認同作用，「THE EGO」，以及「THE SELF」/ 168

對於「自我心理學」的一些評論 / 178

結論 / 183

摘要 / 186

參考書目 / 187

【推薦序一】
等路：迂行面向「我與它，我與我」

林耀盛
國立臺灣大學心理學系教授

　　關於佛洛伊德第二拓撲學的自我、超我、它相關議題探討，沈志中老師與我多次向學生強調，臺灣或中國對於「id」的翻譯，無論是翻譯為「原我」或「本我」，都是個誤譯。同樣地，自我，無論是翻譯自 ego 或 self，置於殊義性文脈的（後）精神分析論述，乃至於不同的客體關係派別，也有差異性的指涉與相關的多重論評。但要理解把梳這些異質文本的脈絡，若未能回歸佛洛伊德，就多半只能人云亦云或將錯就錯。長年投入精神分析並譯寫推動佛洛伊德重要文本的宋文里教授，此次又用心慎重地譯註／評註出版《我與它》，此書收錄佛洛伊德經典文本《The Ego and the Id》，尤其是根據 2024 年六月出版的由柔姆斯（Mark Solms）耗費 30 年完成的《佛洛伊德心理學作品全集修訂標準版》修訂譯文，再搭配後續學者麥肯拓昔（Donald McIntosh）的重要評論〈The Ego and Self in the thought of Sigmund Freud〉，成就這本書。出版作品如此並列討論，當更可讓讀者更深入理解佛洛伊德將精神機制比擬為一系列接續的銘記，每一層銘記都是前一層在另一種語言中的轉寫；這些接續的

銘記代表了生命各個連續的時期,各個時期之間必然產生精神材料的翻譯,而「翻譯的拒絕則是臨床上所謂的抑制。」但我們往往陷入廉價的防衛機轉分類模式,認為精神分析的空白性與不可翻譯特性,當作精神分析文化難以「意義化」的託詞。其實,這也是一種拒認,一種自我閹割生命史的銘記塗銷。

關於精神分析探討,我們往往將注意力轉移到定義不明的「精神結構」,如自我、超我與「它」的探問。但是對於佛洛伊德提到的「它所曾在,我必成為」(Wo Es war, soll Ich werden)這句話「我」的「自我」差異性深刻意涵,甚至企近無意識主體,卻是經常被遺忘或漏失或錯置。因此,需要重新盤點細讀相關重要文本,以回到精神分析的古典脈絡。我們看到從《重讀佛洛伊德》到《魔鬼學》到《我與它》,宋老師一再以親身體證扎實功夫,踐行海德格(Martin Heidegger)提到的「調諧」(tuning),我們進行翻譯將有如音響器材的調諧器般,不奢望意義的原音重現,但求精準與清晰的講述空間。海德格更認為翻譯者是一種創造者,他「朝向未曾言說的行進,刺穿未曾被思考的,驅出那還沒有來通過的,使未被聽到的顯現出來。」翻譯,做為朝向要被言說者的轉-化,在任何意義上,都不是一個簡單的技術問題。甚至可以說,翻譯不是職業員的事情,翻譯等於是發現一種語言的問題,也就意味著,發現不只一種語言。語言,「無視自身地」思考;思考,其實是思想翻譯事件。對海德格來說,有一種親和性,是在言說本源的領居中共同居住的親和性,這種親和性從不在語言之間,而是在思和詩之間,一種朝向

這一言說的，總是獨特的方式之間的接近。

　　同樣對於翻譯思考的哲學家班雅明（Walter Benjamin）來說，翻譯的使命就是，如彌賽亞一樣去宣告，分裂的語言得到了和解，在其中純粹語言君臨天下，這語言不是別的，正是語言自身的承諾。班雅明認為語言間有種血緣關係，此種關係一點也不暗含類似或模仿，只是自「出離點」離開的一個相同起源，這一「出離點」卻從不在場，這個點可以界定為分離本身，或者是如其本然的派生。精神分析閱讀理解的困難，尤其在學術政治與書市邏輯當下，這時代還願意一磚一瓦般投入精神分析工程者，幾希。如今，我們何其有幸地一再透過宋老師的精心譯註／評註開啟中文領域重要時空的思想詩意工程，回到自我與它的再度勘旅，除文本翻譯外，書中的譯註更是宋老師精心指出過往較少或幾乎未被閱讀觸及的環節，進而展延的深層意涵，逐次地顯現出來。各位手上的作品是「等路」（台語 tán-lōo）結果，也是一種生命的伴手禮。這樣的禮物有更深刻的體認，因為宋老師經年累月千辛萬苦地長征跋涉於人文臨床與精神分析，這款精心耕耘等路的上市，其實也是一種自身「回歸佛洛伊德」實踐的贈禮。

　　領受這樣的贈禮，我們得以再度閱讀此次譯註／評註的文本，某個厚實層面上，無非是更靠近「無意識思維遠端感應」的可能性，亦即佛洛伊德「思想的傳移」關鍵問題。拉岡提到的「無意識是在主體當中『它』說話的場說」，以致在語言表達過程中有一處是在主體不知道的情況下，一再受到話語意符的後遺效應所重整。

我們一邊閱讀手邊的書本，一邊默契呼應佛洛伊德曾引用浮士德的話：「把妳祖先流傳給妳的一切接受下來，變成自己的。」佛洛伊德意在指出，文化成就的某些部分，無疑已經在「它」中留下了積澱；很多由「超我」做出的貢獻將在「它」中喚起回聲；兒童為數不少的新的經驗將被強化，因為它們是原始的種系經驗的重複。這樣，「超我」佔據了一種介於「它」和外部世界之間的中介位置；它在自身統一起現在和過去的影響。而後，當一字一句閱讀熱騰騰出版的《我與它》，也同步深刻踏入精神分析架構的兩個場景之間：沉默與言說；或者傾聽與敘說之間。精神分析無非是一種「緘默性」（muteness）與「能見度」（visibility）間對話關係。這樣的觀點並不弔詭，進行精神分析的歷程，其實個案都已經知道自身的答案，只是需要那關鍵一擊，讓痛苦的折磨找到釋放的出口。精神分析的請求最早會以圍繞症狀的「知識」形式被提出。當分析的結束恰好以對這個「知識」的消解，以及個案與其自身的真實相遇獲得一種新的「知識」特徵，精神分析主體創造本身的內在動力得以發展實踐。所以，精神分析的必然，在於結束的那一刻，才是起程的開端。

　　過往，有人將佛洛伊德戲稱為江湖術士（Freud as Fraud），或者認為其立論充滿如拉馬克式（Lamarckian）用進廢退說的奇想。如今，這些偏論爭議儘管仍未熄，仍無損於精神分析語彙無所不在地滲透在我們的日常生活，精神分析可以是辨認二十一世紀特徵的一種時代口音。透過此次心靈工坊的出版《我與它》，求索過程的「等路」雖然迂迴耗時些，但預期可讓讀者透過宋老

師翻譯、佛洛伊德、譯注、評論、原典的多重反覆交錯閱讀，一如踏上精神分析式療程，在真實與虛構，歷史與敘說，存有與虛無，自我與它，新知與非知的多重越界之間，無意識的精神沉默編織閱讀經驗，辨識召喚出比我們所領受到的覺察體感與當代口音，還要無言、毋言、吾言……

它，說。

是我。我是。

【推薦序二】
亂局中的精神分析與其翻譯

沈志中

國立臺灣大學外文系教授

　　佛洛伊德1923年的《我與它》(Das Ich und das Es)不僅標示著精神分析理論的重大轉折,也是造成日後歐洲與英美精神分析學派分歧的關鍵之一。甚至,它也是導致宋老師所說「現代中文的百年之亂」的亂源。

　　我始終主張應從精神分析時代的歷史角度研究精神分析,而非將精神分析化約為一套完整、可在歷史脈絡中歸檔的終結學說。從精神分析的歷史去審視這些概念被提出時,是為了解決什麼樣的問題,它們開啟了什麼樣的向度,又遺留下了什麼樣的難題。如此,才能在我們生活周遭,在我們對於人的心靈、思想、情感等一般概念中,重新發現精神分析影響的無所不在。因此,讓我們先從佛洛伊德撰寫《我與它》的歷史脈絡來看。

　　1890年當佛洛伊德從神經解剖學研究轉入精神分析之際,他在一篇短文〈心靈治療〉(Psychische Behandlung [Seelenbehandlung] 1890a)中認為,語言是治療最重要的工具,並構想一種純粹以語言作用為基礎的精神治療方式。(G.W., V: 289)

佛洛伊德當時便主張歇斯底里的症狀形成機制——「轉換」（Konversion）——就與語言的象徵作用密不可分。當心靈中的精神「表象」受到防禦、被抑制，以致淤塞的情感滲入身體的神經支配。如此，被抑制的表象可說是透過身體的症狀在「說話」、「表達」，或「參與對話」（mitsprechen）。於是在分析治療過程中，「語言文字真正再度成為魔法」（G.W., V: 306）。所謂的「精神治療」或「心靈治療」，就是運用這種文字的力量，去影響病變狀態——無論是身體或精神的病變狀態。

佛洛伊德在1904年〈佛洛伊德精神分析法〉（Dic Freudsche psychoanalytische Methode）描述了他所獨創的這個運用語言的精神分析療法：

> 讓病患舒適地躺臥在躺椅（Ruhebett）上，而他〔分析師〕自己則避開他們的視線，坐在他們身後的沙發（Stuhle）上。……。這樣的座次（Sitzung）的安排猶如是兩個同樣清醒的人之間的談話（Gespräch）。（G.W., V: p. 4-5）

伴隨著這個臨床的談話治療技術，佛洛伊德也構思了一系列被稱為「第一拓撲論」的後設心理學概念去說明各種神經症（歇斯底里、強迫症、恐懼症）的不同致病機轉，特別是被稱為第一拓撲論的「意識、前意識與無意識」的區分，以及「抑制」與「欲力」的動力理論。

然而到了 1907 年左右,這個精神分析的早期發展卻在精神病的問題上遭遇到了難題。因為「抑制」作用只能解釋個體精神內部的衝突,但精神病卻涉及個體與外在現實之關係的脫節或扭曲。因此若佛洛伊德要將精神分析擴及到精神病的領域,就勢必得修改其後設心理學的構想。榮格(Carl Gustav Jung)在 1912 年出版《力比多的轉化與象徵》(*Wandlungen und Symbole der Libido*),就是試圖解決佛洛伊德的難題。只是佛洛伊德認為榮格將力比多普遍化的構想仍無法釐清神經症與精神病的結構差異。相對地,佛洛伊德自己則在 1914 年的《自戀導論》(*Zur Einführung des Narzissmus*)提出「自戀」的概念,並區分「原自戀」(primäre Narzissmus)與「次自戀」(sekundäre Narzissmus)。(*G.W.*, X: 138-170.)

佛洛伊德主張生命一開始並沒有「我」(das Ich)的存在,而是一種渾沌的「自體情慾」狀態。當「我」在發展過程中形成之後,原初的自體情慾才轉變成自戀。這是「原自戀」。日後當愛戀客體形成,一部分的自戀逐漸轉變為對客體的挹注(因而形成「自我力比多」與「客體力比多」的區分)。而當力比多從客體被撤回並重新挹注在自我,則是次發的「次自戀」。換言之,自戀將導致「我」的分裂:此時一部分的「我」變成是一個被挹注的客體,也就是「理想我」(Idealich)。

1914 年十二月二十一日,佛洛伊德在寄給亞伯拉罕(Karl Abraham)的信中寫道:

最近，我成功地找出了意識（Bewußt〔Bw〕）和無意識（Unbwußt〔Ubw〕）這兩個系統的特徵，這讓它們顯得幾乎可被具體掌握。藉由這個區分，我認為可以簡單地解決早發性癡呆（Dementia Praecox）與現實（Realität）的關係。所有的物的挹注（Dingbesetzungen）都構成 Ubw 系統，而 Bw 系統則對應於這些無意識表象與字表象（Wortvorstellungen）的連結，是後者讓意識成為可能。傳移型神經症（Übertragungsneurosen）的抑制在於 Bw 系統的力比多的撤回，亦即物表象（Dingvorstellungen）與字表象的分解。而自戀型神經症（narzistischen Neurosen）的抑制則是從無意識的物表象撤出力比多。這自然會造成比較嚴重的障礙。這是為什麼早發性癡呆首先會改變語言，並且對待全部的字表象的方式就像歇斯底里對待物表象那樣。也就是讓這些字表象遭受到凝縮（Verdichtung）、移置（Verschiebung）與卸除（Abfuhr）等原過程的作用[1]。

這段話無疑宣告了第二拓撲論的開端。佛洛伊德在信中表示正在準備撰寫一部《神經症理論》（*Neurosenlehre*）專

---

1 佛洛伊德、亞伯拉罕，《1907-1926 書信集》（Sigmund Freud, Karl Abraham. *Briefe 1907-1926*. Frankfurt am Main, S. Fischer, 1965, p. 198）

書，當中的章節將包含「欲力與欲力的命運」（Triebe und Triebschicksale）、「抑制」（Die Verdrängung）與「無意識」（Das Unbewusste）。1915 年三月佛洛伊德正式動筆寫這三篇文章，並且在四月一日告知莎樂美（Lou Andreas-Salomé），他發現「自戀」的觀點在憂鬱症（Melancholie）的研究中非常有用。前述這些論文將會是他先前的概念的一種「心理學的綜合」[2]。在這之後佛洛伊德於 1915 年五月四日完成了〈夢理論的後設心理學補遺〉（"Metapsychologische Ergänzung zur Traumlehre"）與〈哀悼與憂鬱〉（"Trauer und Melancholie"）並於 1917 年發表。這五篇論文所提出的物表象與字表象的連結與分解、它們分別的挹注與撤回挹注，以及自戀的觀點於是構成了著名的「後設心理學」的基礎。佛洛伊德在 1915 年七月間表示他將另外撰寫其他論文，並打算處理包括意識、焦慮、轉換型歇斯底里、強迫型神經症、神經症總覽、以及昇華等主題。但最後這些論文並沒有完成。直到 1983 年人們才重新發現了其中關於《傳移型神經症總覽》（Übersicht der Übertragungsneurosen）手稿的存在。

　　佛洛伊德主張心靈過程受到「快感—不快感原則」的主宰。然而，「快感與不快感」的性質卻始終不明，以至於他只能假設不快感相應於刺激量的升高，反之降低則為快感。而心靈裝置則傾向於將其中的刺激量維持在盡可能的低或「維持恆常」。到

---

[2] 莎樂美，《與佛洛伊德通訊錄》（Andreas-Salomé. *Correspondance avec Sigmund Freud*, Paris, Gallimard, 1970, p. 38.）

了1920年的〈超越快感原則〉中，佛洛伊德轉而試圖從更根本但也更假設性的「死亡欲力」（Todstrieb）來思考此種維持恆常的傾向。這些生物學的玄想延續到了1923年的《我與它》。但佛洛伊德在這本書中捨棄了生物學的語彙，並提出了許多之前沒有碰觸的問題，最後終於提出了心靈裝置的第二個拓撲論：它（Es）、我（Ich）與超我（Uberich）。

循此脈絡不難見出，佛洛伊德提出「我」的構想，就是為了凸顯其分裂狀態——如他在1938年所稱的「我的分裂」（Ichspaltung）。然而一般中文所稱的「自我」卻使得這個概念被錯誤地導向某種協調、統一的精神實體。更不用說「自我」一詞本來就是由「我」和「自己」所構成，以致更容易被混淆於英語精神分析界的ego和self這兩個不易釐清的概念，最終導致宋文里老師在這本重新閱讀佛洛伊德的新譯本中，念茲在茲的「自我理論」的亂局。

但相較於佛洛伊德理論的發展脈絡，這場自我理論亂局的亂源難道不正是翻譯？那麼是否應該咎責、怪罪引發這場亂局的那些罪魁禍首，也就是佛洛伊德的翻譯者們？

然而，我對於翻譯者始終都抱著無比的崇敬與感懷。因為翻譯幾乎是一種「自殘」的犧牲行為，那是毀壞自己的語言，是自割舌頭的舉動。翻譯者為我們奉獻出了他們的舌頭。因此，我雖然會指出翻譯的問題，但從不批評翻譯的錯誤。相反地我甚至認為就算翻譯錯了，也是做對的事。當然，任誰都會同意最好的翻譯就是不要翻譯。但正如佛洛伊德多次表示，精神分析的「詮

釋」（Bedeutung）就像是一種「翻譯」（Übersetzung），其目的是讓人重新去接納其自身的歷史。因此，為了在中文世界接納屬於我們自己的精神分析的歷史，我們更不應僅仰賴現成的英譯《標準版》（Standard Edition），而是應根據佛洛伊德的德文原文，面對翻譯、不逃避翻譯，並且勇敢地在翻譯中出錯，才能察覺出我們語言中現成的想法與被翻譯的概念之間的差異。因此，不僅越多翻譯越好，問題越多的翻譯也越好！正如，若沒有「自我理論」這場翻譯引起的亂局，沒有宋老師自殘犧牲的翻譯，我們能有機會在中文世界裡釐清「我」和「它」，以及「我」和「自我」的差異嗎？

佛洛伊德的德文《著作全集》（Gesammelte Werke）早已開放版權並在網路提供公眾下載，但中文世界迄今仍沒有佛洛伊德原文的全集翻譯。然而，我們不妨將此種翻譯的落後當成中文世界發展精神分析思想的機會。正如，精神分析在法國能蓬勃發展，正是因為法語界始終不存在被視為唯一權威的「標準版」。這迫使每個世代的精神分析研究者都必須以自己的方式去閱讀佛洛伊德，並在自己的語言中翻譯佛洛伊德。更何況這唯一的《標準版》權威在英語世界也持續受到挑戰，並且在 2024 年得到修正。

然而，儘管從德語原文翻譯的中文版佛洛伊德全集始終令人引頸期盼，但這並不表示我們可以忽略其他語言的佛洛伊德譯本。精神分析這一百多年來的發展早已讓不同語言的精神分析理論成為不可忽視的邏輯與事實存在。這表示任何嚴謹的精神分析

研究都避免不了必須對不同語系的版本進行考究。如此沉浸在不同語言中,便是吞吐著讓精神分析仍然持續活躍的新鮮空氣。

譯序（一）

這本《我與它》是「重讀佛洛伊德」系列的第三本。譯者選譯、評註了一些不可或缺的作品精華，分段出版，一心存念的就是能夠透過這些新譯，來「回到（未來的）佛洛伊德」。

譯者前言分為兩段。分別是在本文開始之處先放的上段，然後在附篇的篇首再放下段。這樣的安排反映了在選書之時的實情：附篇麥肯拓昔（Donald McIntosh）的〈佛洛伊德思想中的 Ego 與 Self〉（"The Ego and the Self in the Thought of Sigmund Freud", 1986），是在翻譯工作進行的中途加進來的考慮。

由於中文的精神分析文獻中很習慣把佛洛伊德作品歸為「古典學派」，但我們不太熟悉的乃是「佛洛伊德研究」從佛洛伊德本人開創精神分析以來，一直延續到百年之後，他的思想和著作在很多方面都還維持剛出爐時的熱度，最關鍵問題都不因為「古典」之名而淡出精神分析關注的焦點以外——更進一步說，就是已經轉化出現了「未來的佛洛伊德」。

中文世界在翻譯過程中，又另外岔出不少理解失焦的多餘問題。值得我們注意的是，在後佛洛伊德時代，亦即精神分析的二代到三代傳人中，仍然一直有人會回到佛洛伊德的原文去進行永不嫌晚的深度辯證。因此，參考了《修訂標準版》的本文加上附

篇,對於精神分析文獻已有相當熟悉程度的讀者可以對照附篇,來體會一下,中文翻譯本的讀者很難迴避的「問題失焦」究竟是什麼情況。

譯者前言

《我與它》(*Das Ich und das Es*)是佛洛伊德一系列後設心理學論著中的晚期作品之一,原文是德文,我們首先遵從目前國際精神分析的學術環境,用史崔齊(James Strachey & Alex Strachey)的英譯本《佛洛伊德全集標準版》(Standard Edition, *SE*)來進行,在譯完之後才發現《修訂標準版》(Revised Standard Edition, *RSE*)的出版,時在 2024 年六月。《修訂標準版》是 Neuropsychoanalysis 期刊創辦人之一的柔姆斯(Mark Solms)以原有的《標準版》為本,對照德文原文,花了三十年功夫,將其中有疑義的關鍵術語都加上一個 T 字符予以一一標註,然後集中在全集的最後一卷(Vol. XXIV)做成一篇關鍵術語的翻譯說明,稱為〈一些專門術語翻譯的評註〉"Notes on the Translation of Some Technical Terms"(簡稱 NTSTT)。關於《標準版》與《修訂標準版》之間的問題,下文會闢出一些篇幅來討論。

我們首先碰到的是英譯本使用的標題 *The Ego and the Id* 本身就為原著 *Das Ich und das Es* 所平添的一個亂局,也就是「the Ego ≠ das Ich」,以及「the Id ≠ das Es」的問題。這裡

的「≠」是指不完全相等。雖然翻譯本來就不能要求「完全相等」，但這裡說的亂局卻是遠比不相等還要嚴重的局面，把精神分析乃至整套心理學的「自我理論」都弄亂了。

佛洛伊德對於思想史上的「自我理論」，其貢獻與其說是發明了拓撲理論模型（topographic or topological model），不如說是發展出一套佛洛伊德語言，來翻新我們對於自我意識以及自我意象的想像。回頭來說，我們就是要使用翻新的佛洛伊德語言來從頭開始。

本書除了包括這本佛洛伊德語言的代表作之外，還附了一篇有助於語言辯證的作品，即麥肯拓昔的〈佛洛伊德思想中的 Ego 與 Self〉（1986）。這篇文章的出版距離目前二十一世紀的二〇年代也已經過了三十幾年，不能說是最 update 的新論。但這個亂局在中文世界裡應可說是反映了現代中文的百年之亂，其中包括使用了大量翻譯詞彙，在各門各科中都有數不清的關鍵字眼陷溺在語焉不詳的翻譯流沙中，不得已的辦法就是永遠要依賴**附加法**，即加上「括號＋英文／外文」來形成**混合的語言**，且此法一直沿用至今。我們所面對的這個特定問題，在這個百年之亂當中應屬一個顯例，以教育的百年大計來看待才是正途，亦即在任何一本書任一篇文章裡都不可能單獨解決。但我們永遠要在關鍵的節骨眼下手，才能回頭來談談本書的兩文對於「自我理論」的翻譯作品究竟翻出了什麼辨析與什麼論證。

在佛洛伊德卷帙浩繁的全集作品中，有一系列被後人稱為「後設心理學」的作品。根據《全集標準版》整理出來的，就是

如下書目所示：

1912 'A Note on the Unconscious in Psycho-Analysis' (1912g).
1914 'On Narcissism: an Introduction' (1914c).
1915 'Instincts and their Vicissitudes' (1915c).
1915 'Repression' (1915d).
1915 'The Unconscious' (1915e).
1915 'A Metapsychological Supplement to the Theory of Dreams' (1917d).
1915 'Mourning and Melancholia' (1917e).
1920 Beyond the Pleasure Principle (1920g).
1923 The Ego and the Id (1923b).
1925 'Negation' (1925h).
[1938 An Outline of Psycho-Analysis, Chapters I, II, IV, VIII and IX (1940a).]
[1938 'Some Elementary Lessons in Psycho-Analysis' (1940b).]

其中有下畫線的作品是我本人做過且已出版的翻譯，涵蓋了我最在意的後設心理學作品之一大部分，包括我挑選以前未出現的中文譯本而做的新譯，以及對舊譯不滿而重新翻譯。而現在譯出的這本 **The Ego and the Id**，除了是要補足上述的書目之外，最重要的用意還在於盡力洗刷「自我理論」裡最混亂的理論問題。

「我」在現代中文裡為什麼非稱為「自我」不可？而「它」被翻成「本我」又是什麼樣的誤解所導致？這問題需要話分兩頭來予以解釋。前者是麥肯拓昔所力辨的問題，要之，即佛洛伊德從 1895 年離開神經科學而轉向精神分析伊始，他的開山之作 "A Project for a Scientific Psychology"（〈科學心理學的一則方案計畫〉，以下簡稱〈方案計畫〉）當中就出現了「我」的概念，而英文都使用拉丁文 ego 來翻譯。從某一方面來說，最初成為佛洛伊德門徒者大多來自醫學圈子，於是他們對科學與哲學術語所採的慣例就是使用拉丁文，這也造成中文在翻譯此詞時，實際上是面對著德文→英文→拉丁文而產生的多重理解。不論基於慣例或多重理解所產生的片面性，都形成語詞混淆以致僵化到無所適從的地步，到了概念出現發展進化之時，也就是佛洛伊德在後設心理學的語言中披荊斬棘向前邁進的階段，中英文譯者竟受限於選定的譯語而致在很多方面無法隨之產生轉圜更新。

　　若單從佛洛伊德的後設心理學發展來看，就應認真看看兩套拓撲理論模型如何逐步發展變化出來。我們之所以要把這理論模型稱為「拓撲理論」，那是比起舊譯「地誌學（地質學）模型」更能增加我們對於佛洛伊德思想基礎的逼近，也比較容易排除理解上過於簡化的實證論和機械論。佛洛伊德兩套拓撲理論的核心，是建立在「心靈裝置」（psychic apparatus）的假設前提上。對於「裝置」的譯法，也必須說明：它不一定要理解為「機械裝置」，就如同佛洛伊德自己也會把這套裝置說成「靈魂的組織」（organization of the soul）一樣，也就是說，佛洛伊德的語

言是在很廣大的語義典範之內游動。因此，我們應該要動用幾何學的想像來接招——中文讀者必須打開「拓撲學」這種高級幾何學的思維方式，來迎接整套佛洛伊德的語言。

　　第一拓撲結構在於發展出心靈結構中的「意識／前意識／無意識」這個創見，第二拓撲結構的重心則在於把「意識」擴大為「人」，於是就會在人稱代名詞上動手：「把『我』和兩個它者的關係呈現出來」（即指出「我」之中含有三個行事者 [agencies]）的另一創見。對於「無意識」，佛洛伊德在發展他的第一拓撲之時，即到了 1915 年，把前意識（preconscious）概念補進「意識／無意識」二分法之後，形成 **Ucs.-Pcs.-Cs.**（無意識／前意識／意識）的三分結構，才算完成第一拓撲模型的階段性任務。在此之後，由於考慮理論的描述性任務與動力性任務之別，做為動力樞紐的「我」必然會脫離意識的問題，而成為動力發出與收回的關鍵。這個動力收發的概念設定了動力必須出於主體（subject），以語言中的主詞（subject of language）表現出來，同時主體也必須是處在現實世界之中的關係存在（relational being），因此它超過意識概念的範圍。在先前的概念中，這動力的發動一直被稱為「投注」（cathexis, or investment），或就是被通稱為「驅力」（drive）的東西。它常被視為本能的別名，但當我們讀到佛洛伊德為此取了一個特殊的名稱，即「力比多」（libido，欲力）之後，因為它不能等同於動物本能，尤其在發現其投注的對象在一般所知的外部對象之外，還有轉回自身的內部對象，亦即投注於「我」的力比多，這才確定充塞於佛洛

伊德心目中的人文理論根本不能用生物學的「本能」概念來理解。

經過一番臨床觀察與理論推敲之後，交相辯證的結果產生了代表人格整體（the person）的主詞（subject），也就是主體「我」，以及在此把兩個「『我』之內的『非我』」離析出來，這就構成了第二個三分結構的拓撲理論模型。在「我」之內的兩個「非我」是什麼？一是「超我」，另一則是不可名狀只能稱為「它」的某物——我們用漢語還可說「它」是詭異莫名的「某事或某物」，即當我們能開口說「我」之時，必定涉及幾個行事者之間的關係事態，以及各事態之中的人、事、物。

這樣說來，在「我」以外的「超我」和「它」既然都屬「非我」，為何可以分別辨認、分別取名？那是因為「超我」具有明顯的文化屬性，尤其在道德領域自成一格（這裡必須比較的就是康德的「範疇律令」，讓人間的善惡形成一個自成一格的範疇）。把這個「超我」先提攜出來，然後才能踏入非我的另一個未知之境——並且將此未知者定名為主詞「我」對面的「它」。在佛洛伊德進行探究的漫漫旅途上，首先碰上的議題就是有如萬古長夜中的「夢」，從而知道這夢的作者其實就是哲學傳統上一直稱為「我所未知的我」——這樣的「我」除了會向人類閃現它是人性裡的某種行事者之外，終究還是莫可名狀，因此在《釋夢》之後，仍須再進一步探究。

對於「我所未知的我」，說它是個哲學傳統的老問題，只要想想蘇格拉底的名言「知己」，就可聞出這個問題的氣味——人

所需的「知」，兩千五百年前的希臘先哲就已宣稱，其最高的知識境界應在於「己」之中有「未知的我」，也就只能稱之為「它」。

我們對這問題的接招，即接住「它」的問題本質之外，還可以就「它」的漢字原文來做個考究，而發現更有意思的翻譯資源：漢字「它」和「虺」是同義字，在甲骨文和小篆中的寫法見下圖，都作蛇形。《說文解字》對此做了這樣的說明：「上古艸居患它，故相問：『無它乎？』」，也就是問候時用的「無患乎？」後來變成了「避稱其名者」，避諱了「虺」但轉變其形為「它」，且再經過轉注的造字法，[1] 讓它轉為一個代名詞。

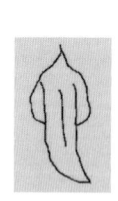

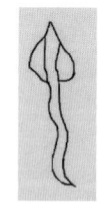

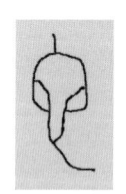

「它」的甲骨文（一）（二）　　　　「它」的小篆

譯者在這個「它」字之外，先前曾使用另一譯名「伊底」，是因為發音接近 Id，又是「不知伊於胡底」的縮寫，屬於翻譯上信雅達三通的上乘譯法。此譯法最早出現於高覺敷的《精神分

1　造字法的轉換功能是漢字訓詁學裡的老問題，不是三言兩語可以交代，但在當代文獻中可看見一些雖非新論總算扼要的說明。這裡僅舉一例：李淑萍（2007）〈論轉注字之成因及其形成先後〉。國立成功大學中文系《成大中文學報》第十八期，197-216。

析引論》（商務印書館，1930/1984）。後來高覺敷未堅持這個譯法，而從俗去了。我們只知曾經有這個譯名存在，至少已能避開一直受到污染的「本我」這個僵化的誤名，然後，我們再回到「它」，才能逕取佛洛伊德在創建精神分析時的所走的那條古典的，亦即經典的老路，一路跟進。

· · ·

當我們參照著 NTSTT 來閱讀柔姆斯的《修訂標準版》時，覺得修訂的新譯頗有令人亮眼之處。先舉兩個小例：（1）對於《標準版》英譯的 screen memory 一詞，中文舊譯「屏幕記憶」，原文是 Deckerinnerung，修訂版對此解釋道：screen 是指能讓光線投射其上而顯影的銀幕，原文卻非但沒有顯影的意思，反而是把可能出現的影像予以屏蔽，因此較為恰當的英文翻譯應是 cover memory，中文也就相對應譯為「屏蔽記憶」才對。（2）另一個例子，稍微曲折一點：原文 Auffassung，在《標準版》中是隨其出現的脈絡分別譯為「觀點、理解、外觀、基模、理論、貫垻、觀念、圖象、詮釋、意見」等等。《修訂標準版》採取翁斯頓（Ornston）的解釋，說此詞是個術語，意指「設想」（conception），即指一個人對於某項觀察用他自己的新意來做出的詮釋。[2]《修訂標準版》把所有這些新譯的字詞都標上

---

[2] Conception 的中文翻譯未必等同於德文 Auffassung，它確實可譯為「觀念、想法、構念」等等。這裡只是就 *SE* 轉為 *RSE* 版本時，由德文原文而來的翻譯商榷，不是就英文的這個語詞應作如何中譯的斷定。

T字符，因此會散布在全集各卷中，累積起來的 NTSTT 共有將近百條，有長有短，寫滿 44 頁，由此可知，《修訂標準版》雖然改寫的幅度不至於改變《標準版》的全貌，但對於《標準版》關鍵術語確實可說是做了相當重要的改寫。

在此對於《修訂標準版》所關切的關鍵術語，本來還應再多舉幾個例子來做進一步的說明，以便讓讀者明白柔姆斯花了三十年心血來做的翻譯修訂，實含有不容忽視的工夫。但在這篇譯者前言中，並不適合搬出一大堆例子，而只要能夠讓讀者明白佛洛伊德在遣詞用字上著力於什麼意思及避免了什麼意思，由此來看出佛洛伊德所創建的精神分析是如何能從神經科學脫胎換骨而來，其思想的基底如何能夠從十九世紀以來的實證論、機械論轉向而竟能領先成為二十世紀的辯證論、建構論。這在《標準版》的譯文中還是猶抱琵琶半遮面的模樣，但在《修訂標準版》則已經是大珠小珠落玉盤的光景了。

國際精神分析學會採用英譯本《標準版》，是因為國際上溝通的共用語言是英文，而《修訂標準版》則是在認真參酌德文原文，又以神經科學的眼光再作辯證推敲的結果，目的在於讓閱讀英譯文的讀者能更接近佛洛伊德原意。譯者在先前的翻譯工作過程中，已深知這種穿透三種語文而參酌推敲的必要，因此決定以本書既有的譯文來跟隨修訂版，並進行全書的修訂，目的也是為了能讓「標準版」得以步上「修訂標準版」之途，期望今後出現的中文譯本也都能以不斷修訂的「正名」之功，來讓它符合「正視聽」的「標準」之效。

我們只要舉出一例，就足以用來仔細數說它應該（或可以）如何修訂翻譯。此例就是「Vorstellung」。此詞在本書中至少出現 18 次（以上），[3] 本來它不是本書的核心概念，但在「語言學轉向」的時代以來，此一概念的重要性與日俱增，因此在談修訂之時就很有代表性。

它是意識初動（最初出現）的動詞（vorstellen），其名詞態就是 Vorstellung，由此可以看出佛洛伊德的用字在英文難以翻譯的基本問題之一斑──「Vorstellung」在英文沒有對等的字眼，SE 的譯者只能依其出現的脈絡而分別譯為 idea, presentation, representation（意念、呈現、再現）等。如果翻閱德英辭典，會發現其譯法還有更長的光譜：「意念、觀念、概念、呈現、展現、表現、再現、意象、圖象、錯覺、想像」等等。英譯文《標準版》最常用的是 idea，本書先前的譯義也據此而譯為「意念」。呂格爾（Ricoeur）認為佛洛伊德在談到「**回憶的 Vorstellung**」時，是指主體的（subjective）「意象或思想『呈現』」（'presence' of images or thoughts），因此準確地說，那是一種圖象思維（figurative thinking），夢象的呈現也是如此，它和「概念」（Begriff [concepts]）正好站在對立面，而改用「conception」的譯法也不足以補其弊。

查閱沈志中、王文基、陳傳興合譯的《精神分析辭彙》一書，可看到他們很用心地將此詞譯為「表象」，應是強調「**表現**

---

[3] 加上合成詞，譬如 Sachvorstellung, Dingsvorstellung 等，就不止 18 次了。

意象」或「代表意象」的意思，但這樣的譯法也很容易跟「表面意象」（appearance）混為一談。為了避免這個問題，譯者特意鑄造了另外一個新詞「呈象」（或「意念呈象」）來做為 Vorstellung 的譯名。對此必須強調的是：意念或記憶在意識中的呈現，其所通過的途徑，佛洛伊德在德文中用結合語詞寫出的，會有以下幾種：

Wortvorstellung
Sprachvorstellung
Sachvorstellung
Dingsvorstellung
Objektvorstellung

可分別譯為：「語詞（語言）所呈之象」、「言說所呈之象」、「事所呈之象」、「物所呈之象」、「對象所呈之象」，於是，由此可推出一個共用的綜合譯名，即，「呈現的意象」，簡稱「呈象」，即使用中文的造詞法來創造意義對應的契機。

關於在此有重要相關的「意念」一詞，除了做為 idea 的譯名之外，在翻譯 Vorstellung 時使用的合成辭彙「意念呈象」，也保留了意念和呈象的基本關聯，其中特別有意義的是中文單字「意／念」可以跳開英文，而直接與 Vorstellung 在動詞態方面發生對應關係。

先用「意」的一個常用合成詞「中意」（台語「洽意」；意愛在心裡）來觀察什麼是「意」：「意」的「中（洽）」是指「相合」，這是「意」本身的內在含意，但必須是人在意的發動中，指向對象，才能使之與對象相合。用精神分析的術語來說，就是對象投注。

　　人對什麼有意，即意向之始動、發生、並呈現為一個「念頭」，是即 Vorstellung 字義中含有的「呈現、展現、表現、再現」等等「現出」之意，也就是開始「動念」。至於人的「想念」，是對於記憶中的對象有所想，然後念念不忘。這些「意／念」，都是以動詞態出現，而非名詞。重點在於「出現」或「現出」，即是「呈」，而非其「象」。我們把「呈／象」兩字結合為一詞，就如同「中／意」「有／意」一樣，是一種向心力的造詞法，[4] 造成的是一個動詞（態）的字眼，而非名詞，但也可以當作名詞使用。這個名詞和「意念」的不同，在於其似動非動的模糊曖昧狀態，特別用來談記憶現象之時。這是在回應那個「未來的佛洛伊德」時不意得之（serendipitously）的一個接點。

　　在談到記憶的問題時，佛洛伊德顯然不是指某某事實在心靈中的再現，而是指某種對象的呈現，不論是以物象或事象，都是記憶當中的片斷，它之能夠被記起，就是被喚醒；若要使之能夠持續，就必須再以語詞（語言）呈象的加入，使物象或事象能夠

---

[4] 根據徐通鏘（2005）《漢語結構的基本原理字本位和語言研究》，青島：中國海洋大學出版社。所謂向心力的造詞法就是兩字以上的語詞，重心在後；反之，離心力的造詞法就是重心在前。

連結成一段敘事。此時的「被動態」會立即轉換為主動的言說。若要談夢的記憶，更不能不面對這種言說呈現的事實。夢本身含有許多片斷的物象或事象，用其中的意念結合起來，就會形成類似故事的場景，我們總稱之為「呈象」，但必須強調這也就是「意念呈象」。對於英文中所無的字眼，我們現在可以跳過英文，讓它在中文裡誕生。中文的造詞法也就成為現代中文再生的魔術，或法術，特別用在翻譯之中，如果運用得當的話。

1

「我」與「它」
The Ego and the Id
Das Ich und das Es

本文譯自《佛洛伊德全集英文標準版》卷十九
(*The Standard Edition of the Complete Psychological Works of Sigmund Freud*, Volume XIX [1923/1957], pp 1-66)

譯者說明

1. 本書譯自詹姆斯・史崔齊（James Strachey）英譯本《西格蒙特・佛洛伊德心理學著作全集標準版》（*Standard Edition of the Complete Psychological Works of Sigmund Freud*, Volume XIX，簡稱《全集標準版》，縮寫為 *SE*）（1923/1957），卷十九，pp. 1-66。這標準版是目前際精神分析學術界普遍採用的版本。也參考馬克・柔姆斯（Mark Solms）的《修訂標準版》（*The Revised Standard Edition of the Complete Psychological Works of Sigmund Freud*，縮寫為 *RSE*）（1923/2024）改譯。《修訂標準版》基本上仍維持與《全集標準版》一致的內容，唯在其中有些具有爭議性的關鍵語詞字句做了修訂，是以本書在格式上、頁碼的標示上仍都與《全集標準版》一致。

2. 這《全集標準版》在註腳中出現時都縮寫為 *SE*, 其後跟著的就是卷號、頁碼，譬如：*"SE*, 19, 17-18" 就是「全集標準版，卷十九，17-18 頁。」

3. 譯文旁碼的數字是指英文《全集標準版》該文起始的頁碼。

4. 文中的註腳有三種形式：
   （1）佛洛伊德的原註：不加方括弧。
   （2）英譯者史崔齊的加註：有方括弧，如〔驅力〕
   （3）修訂譯者柔姆斯的加註：用粗括弧，如【欲力】

5. （4）譯者所加的註：都標上「譯註」字樣，包括為以上三種註腳末尾增加的補註。本書的關鍵字 ego，在譯文中原則上都譯為

「我」,但在某些特殊的地方,即只有理論上獨有的指稱,譬如「系統 ego」,這時將保留原文,不用中文譯名。

「我」[1]與「它」[2]
The Ego and the Id

編者（英譯者）導論

本書原稿出現於 1923 年四月的第三週，雖然為文的用意早在 1922 年九月二十六日以前就露出端倪，那是在柏林舉行的第七屆國際精神分析大會，佛洛伊德終於能參加，並在會中宣讀一篇短文〈關於無意識的幾個要點〉（*Etwas vom Unbewussten* [Some Remarks on the Unconscious]），其中就有本文內容的影子。本文的摘要（此文稿本身未曾單獨發表）則出現在《國際精神分析雜誌》，8（4），486，雖然不能確定該文係佛洛伊德本人親筆所寫，但值得將它抄錄在此：

---

1 譯註：英譯文 ego 的德文原文是 das Ich，直譯就應是「我」，而不必用複合詞「自我」。在本文中必須為此字加上引號，表明這已經是把「我」用作一個術語——但有時做為一般的第一人稱代名詞，就不加引號。這引號的有無非常重要，提醒讀者注意其區別。
2 譯註：英譯文 Id 的德文原義是 das Es，直譯就是「它」，加上引號的理由同上。另外值得一提的主要原因是作者「不能（或不敢）稱其名」而換用第三人稱，即以某物的代名詞稱之。現有的中文譯本常譯作「本我」，看起來像是「本來的我」（「原本的我」），就像是個已經能被人的意識所掌握的實體，這樣的譯名實為完全悖離作者原意的誤解，不應從之。在此之外，我們既已使用了「它」，就還可以其漢字原文來做個用法的考究，見譯者前言。

〈關於無意識的幾個要點〉

「講者重複談到精神分析中已經為人熟知的『無意識』概念之發展史。『無意識』首先是以純粹描述性的術語出現，它包含著暫時隱沒的意識內容。但以動力論觀點而言，無論如何，是壓抑的過程使之必然如此，即無意識必須以（意識）系統的方式呈現，由此無意識就必須等同於受壓抑者的內容[3]。暫時隱沒的無意識，在此系統觀點中得名為『前意識』，其位置相當接近於意識。於是『無意識』一詞的雙重意義無疑會包含著一些短處，雖然這在理論上不甚重要，並且也很難避免。結果，把受壓抑者視為無意識的等同物，也把「我」視為等同於前意識和意識，這在臨床上沒什麼實際用處。本講者討論了兩項事實，可顯示出：在「我」之中也具有無意識的內容，其動力性的作用很像受壓抑的無意識──這兩項事實是：在分析過程中，由「我」所發出的阻抗，以及一種無意識的罪疚感。講者宣稱他有一本即將出版的書──《「我」與「它」》──在其中，他試圖評估這些新發現對於我們所知的無意識必然會產生哪些影響。」

---

[3] 譯註：「受壓抑者」乃是「受壓抑的意識內容」之簡稱。「者」字可以泛指意識內容中的「人／事／物」。這個詞彙在本文中將會多次出現，使用簡稱有其必要。

【佛洛伊德手稿中發現他記下的本書摘要：「本書結合了（1）葛羅岱克對於「它」的想法，其中包含（2）來自《超越（快感原則）》的**兩類驅力假設**，以及（3）**無意識罪疚感**的事實，加上一個新的假設，論及（4）去性化機制（**昇華**）以及（5）呈現了一種**解融合現象**，並且坐實了一個新的洞識：（6）對象投注由**認同作用**來取代。」】

《「我」與「它」》是佛洛伊德最後一本主要的理論著作。其中所提供的關於心靈及其功能的描述，一眼即可看出其新穎乃至革命性的意謂；並且在此之後所有的精神分析著作都會留下本書影響的鮮明印記——至少在術語的使用上如此。但是，縱然有了這麼多新穎的洞識和新鮮的綜合，我們仍可在佛洛伊德常有的種種革新之見中，上溯到其早期作品，甚至在非常早的作品中，即已發現這些意念的種子。

目前這份心靈整體圖象之前的先行概念，乃是接續了 1895 年的〈方案計畫〉（Project, Freud, 1950a）、《釋夢》（1900a）[4] 的第七章、以及 1915 年的諸篇後設心理學論文。在所有這些之中所交互關聯的心靈功能以及心靈結構問題，都會無可避免地進行推敲，雖然強調之處發生的變化，都會落在此問題的兩個面向上。精神分析的起源有其歷史性的偶然事故，就是與

---

4 中譯本編按：即 *The Interpretation of Dreams*，在台灣，《夢的解析》是此書較為讀者熟悉的譯名。

歇斯底里症的研究發生關聯,且立刻導出壓抑假設(hypothesis of repression,或者,更概括地說,就是防衛機制的假設),將壓抑視為心靈的功能,之後自然轉到拓撲假設(topographical hypothesis)——亦即展開的心靈圖象中包括了兩部分,其一是受壓抑者,另一則是施壓者。「意識」的性質顯然緊緊包含於此二假設中;此假設易於把心靈的受壓抑部分等同於所謂的「無意識」,而施壓的部分就等同於「意識」。佛洛伊德對於心靈的早期圖示,出現於《釋夢》(*Standard Ed.*, **5**, 537-41)以及他在1896年十二月六日寫給弗利斯(Fliess)的信函(Freud, 1950a, Letter 52),代表了這個觀點。這套看來簡單的架構是佛洛伊德早期理論的基本想法:就功能而言,一股**受壓抑**之力正在努力尋找出路以便成為行動,但卻受到**審查之力**的壓抑,換言之,就結構而言,有個「無意識」因為受到「我」的對抗而出現。[5]

然而,併發的問題馬上就出現了。很快就可看出,「無意識」一詞的用法有兩種意思:這樣的區分在《釋夢》一書中已經表明,雖然用的不是同樣的這些語詞。這在一篇寫給**心靈研究學會**的英文文章(1912, *SE*, **12**, 262)中說得更清楚。但打從一開始,另一個比較隱晦的概念已經包含在內(已經簡單地畫在圖示之中)[6]——也就是心靈中的「系統」。這也隱含著心靈具有一

---

[5] 譯註:審查之力屬於「我」,受其壓抑者即成為(某個)無意識。這無意識之為「某一個」只因為它是在「我」的對立面,但不能確知其所在,這是在描述「無意識」時必要的謹慎措辭。

[6] 譯註:佛洛伊德的許多重要概念都曾以「圖示」(diagram)的方式表達。

種拓撲學上或結構上的區分，是某種更甚於功能區分的東西，分成許多局部，有可能指出種種不同的特性與運作的方法。毫無疑問，像這樣的觀念，隱含在「無意識」這個語詞當中，老早就已出現。（譬如在〈歇斯底里症研究〉[1895, *SE*, 2, 76] 的註腳中）。「系統」的概念在《釋夢》一書中已經明示出來。其所來自的底層乃是拓撲學的意象，佛洛伊德最初有此暗示，但隨後他提出警告，叫後人不要在字面上接受此義。這類的「系統」是複數的（記憶的、感知的，等等），而在其中，「無意識的」，為了簡便之故，就會寫成「Ucs. 系統」。在這些早期作品的段落中，所有這樣的無意識系統都明指著受壓抑者，直到《釋夢》一書的末尾，才指出一個更廣的範圍。此後這問題就一直懸擱著，到了上文提及的**心靈研究學會**那篇，其中（即對於「無意識」一詞，在描述的與動力的用法之間有清楚區分之外），該文此段（*SE*, 12, 266）的最後一句，對於「系統」一詞的用法作了第三種定義。也許值得記下的是：只有對於此一「系統的」無意識，佛洛伊德才建議用「Ucs.」這個符號來代表。看起來，所有這些都很直截了當，但是，也夠奇怪的，到了他的〈無意識〉（1915e）這篇後設心理學的論文中，整幅圖象又再度被弄迷糊了。在該文的第二節（*SE*, 14, 172ff.），「無意識」一詞的用法

這些圖示一方面是將概念間的關係以簡明的空間關係畫出來，於是它也就一定會呈現出意義隱晦的另一面——根據圖示學（diagrammatology）的理解，所有的圖示都會帶有言外之意，即超越文字說明的語意及語用上的隱晦性質。

不再是三種，而是只有兩種。「動力的」用法消失不見，應當是收納在「系統的」一詞當中，[7] 但仍稱為「Ucs.」，雖然在這裡包含著受壓抑者。最後，在本文之中（以及在《精神分析新論》[1933a] 中，佛洛伊德又返回三重的區別以及分類，雖然在該章的末尾，他用了「Ucs.」這個縮寫來指稱的，竟是全部三種「無意識」（這也許是無心之誤）。

但問題又來了：當運用到**系統**當中，「無意識」一詞究竟是否用得恰當？在心靈結構的圖象中，首先能夠和「無意識」區分得最清楚的就是「我」（'the ego'）。而現在也開始出現的新圖象則是：「我」本身中有一部分也該被描述為「無意識」。這是在《超越快感原則》一書中所指出的，其中有一句，在第一版（1920g）中，是這樣寫的：「很可能大部分的「我」，其本身就是無意識的；也許只有一部分可被『前意識』（preconscious）一詞所涵蓋。」到了一年之後的第二版，此句被改成：「『我』本身中肯定有一大部分是無意識的……其中只有一小部分被所謂的『前意識』（preconscious）所涵蓋。」[8]（*RSE*, **18**, 19）而此一發現及其所需的基礎條件在本書的第一章中則是以更為堅定的方式說了出來。[9]

7　〔編註：「系統的」與「無意識的」兩詞在《超越快感原則》（1920）之中絕對是等同的。（見 *SE*, 18, 20）〕
8　〔編註：佛洛伊德實際上曾在他的論文〈防衛的神經精神病〉（1896b）第二篇的開頭句中說過防衛的精神機制乃是「無意識的」。〕
9　譯註：後來的發展：「我」的一大部分是無意識的……其中只有一小部分屬於「前意識」（preconscious）——而這前意識又有部分與意識重疊。

因此，同樣關於「無意識」以及關於「我」，變得更明顯的是，意識的標準對於建立心靈的結構圖象而言，已經不再有幫助了。據此，佛洛伊德放棄了意識在這方面的用途：在此之後，「有意識」跟心靈狀態的關聯就只能視為一種可有可無的關係。此詞原先的「描述」意謂，事實上都還留著。他現在引介的新術語具有高度的澄清效應，因此也使得臨床上的進階發展成為可能。但那本身並不表示佛洛伊德對於心靈結構與功能的觀點發生了任何基本的改變。誠然，這裡新登場的三個實體，即「它」[10]、「我」、「超我」，全都有很長的史源（其中兩個是以不同的名稱），而這就很值得我們來作一番檢視。

「Das Es」一詞，[11] 以佛洛伊德自己的解釋來說，乃是首先源自葛羅岱克（Georg Groddeck），一位在巴登-巴登行醫的醫師，他新近加入精神分析行列，由於他博學多聞的觀念，讓佛洛伊德頗覺同感。葛氏又是從他自己的老師，一位德國上一代的名醫史溫尼格（Ernst Schweniger）那兒學來「Das Es」的概念。但正如佛洛伊德也指出，這種用字當然可上溯到尼采。無論如何，

---

10 譯註：這裡用的是標準版的 id，在本文中譯作「它」，但下文的討論中所用的則是佛洛伊德的原文 Das Es。
11 〔編註：從這裡開始，關於英文 id 和 das Es 的對等詞有很多討論。最後決定用「the id」而非「the it」，以便能與長期以來使用的「ego」有平行關係。〕譯註：編者[即英譯者史崔齊]所謂的「平行關係」是指兩者都來自拉丁文。就字面意義而言，Das Es 的英譯確實是 the it，也就是「它」，但使用拉丁文卻是醫學術語的慣例，英文如此，中文也是如此。在此，本文不依樣畫葫蘆，而是以翻轉的譯法，改譯為「它」——重要的是用來推翻過去常用的實體化誤譯「本我」。

佛洛伊德對此詞所採用的意思跟葛氏不盡相同，也具有更清晰的意義。它澄清了，也部分取代了，舊有的幾個曖昧字眼：「無意識」，「Ucs.」，以及「系統的無意識」。[12]

至於「das Ich」[13]的地位則是相當不清楚。這個字眼的使用當然在佛洛伊德之前已經為人熟知；但他自己在早期作品中的套用就並非沒有曖昧之處。看起來可能偵測出的意思主要有二：其一是此詞將一個人的「我」**做為一個整體**（可能包括他的身體）以有別於他人；此外則是**指心靈的一個特殊部位**，帶有特殊的屬性和功能。這第二種意思正是佛洛伊德本人在1895的那篇早期〈方案計畫〉（Freud, 1950a, Part I, Sec. 14）一文，為「ego」一詞所做的詳盡說明；而正是這同樣的意思也用在《「我」與「它」》一書中，用來展開心靈**地誌的拓撲學**。但在這前後二文中間的作品，尤其與自戀症有關的那些，這個「ego」看起來與「self」更能互相呼應。因此，要在意指「我」的此兩詞之間劃上一條分界線，並不是一件容易的事。[14]

12　〔編註：「Ucs.」這個符號在本文之後就消失了，除了出現一次，在《精神分析新論》，以及在《摩西與一神教》中有一次擦到邊——在其中很怪的是以「描述」的意謂出現。佛洛伊德還繼續使用「無意識」一詞來作為「它」的同義詞，雖然頻率降低了很多。〕

13　譯註：這裡用的德文「das Ich」就是指「ego」。史崔齊顯然有意識到佛洛伊德在談「我」時，用的是日常語「我」。「『我』/ 我」或「ego/I」這些詞組之內確實都表現了概念上有相異之處。

14　〔編註：在 SE 中某些地方，似乎想要保留這個意思時，「das Ich」就會被譯為「the self」（而不是「the ego」）。在《文明及其不滿》（1930a）一書第一章的第四段，佛洛伊德自己刻意讓「das Selbst」等同於「das Ich」。

總之,可以十分肯定的乃是,在 1895 年的〈方案計畫〉一文中,單獨對「我」的結構與功能做過一次詳細的分析之後,佛洛伊德把這問題擺開,幾乎有十五年之久不去碰它。他的興趣集中在無意識及其驅力(drives)[15]的探究,特別是屬於性事方面,在正常與不正常的心靈活動上所扮演的角色。關於壓抑之力表現出同樣重要的角色,此一事實當然從未被忽視,也一直堅持下來;但要對此做進一步的仔細檢視,那就得等到後來。在目前階段,用「我」("ego")一詞來加以涵蓋已經足夠。[16]

　　有兩處顯示了改變的跡象,而這兩回合都發生在 1910 年。在一篇談視覺的心因性困擾(1910i)的文章中,就出現了首度提到的「我」驅力(ego drives),其中結合了壓抑的功能,以及「我」的維護功能。另外更重要的發展乃是自戀症假設,在 1909 年首度提出,由此導出從諸多關鍵,來對於「我」及其功

還有,在討論到夢(1925i)的道德責任時(見下文 [p. 133]),他就在德文原文中清楚劃分了「Ich」的兩種意思。〕譯註:「das Ich」被譯為「the self」或「the ego」的問題,請參閱本文後附麥肯拓昔(D. McIntosh)的文章〈The Ego and the Self in the Thought of Sigmund Freud〉(佛洛伊德思想中的 Ego 與 Self)。

15　譯註:「驅力」(drives)的原文是 Trieb,在原版 SE 中都譯為「本能」(instinct),現根據 RSE 的意思改譯。這個更動出於神經學家柔姆斯之于尤其意味深重,因為佛洛伊德有意避免使用生物學字眼,因此把一種類似於本能但已經完全人類化的概念換用「驅力」來稱說,此舉打破了「佛洛伊德是個生物學家」的誤解。(譬如 Freud, Biologist of the Mind, by Frank J. Sulloway, 1979.)(更多討論請參見譯者前言。)

16　譯註:「在目前階段」是指在本文以及編者註當中,用英文「ego」來指「我」,而不是把「ego」和「self」兩者等同。

能做出詳盡的檢視——在達文西研究（1910c），在史瑞伯個案史（1911c），在心靈功能的兩個原則（1911c），在談「自戀症」本身的論文（1914c），以及論「無意識」的後設心理學論文（1915e）之中。無論如何，在這最後一篇，有進一步的發展出現：原先描述為「我」的，現在變成了（縮寫的）**「系統」Cs.（Pcs.）**。[17] 就是這個系統成為「ego」的前身，正如我們看見這個修正的術語，從此我們看到，在性質上跟「意識」曖昧不明的關聯，也就被消除了。

在〈無意識〉一文中標記為**系統 Cs.（Pcs.）**的，包含的動作有審查、現實考驗等等，所有這些，現在都歸在「ego」的門下。[18] 不過，有一種特殊功能，其檢視會導出重大的結果——「我」的批判機能。以此，再加上相關的「罪疚感」，從早期以來就吸引了佛洛伊德的興趣，最主要的關聯乃是頑念神經症。他的理論所謂：頑念乃是由幼年時享有的性快感「轉型而來的自責」，在他的第二篇〈防衛的神經精神疾病〉（1907b）論文第二節已經做了完整的解釋，而這是較早在給弗利斯的信函中已經寫下了綱要。自責可能是無意識的，這點在這階段已經意有所指，並且在論〈頑念行動與宗教實踐〉（1907b）的一文中特

17　〔編註：這些縮寫（譬如 "Ucs."）可回溯到《釋夢》。事實上，所有這些都早在佛洛伊德與弗利斯 1897 年五月三十一日的書簡中（以系統的意謂）使用（書簡 64，以及草稿 N）。（Freud, 1950a）。〕

18　〔編註：「我」的有些「綜合」功能可在《精神分析新論》（*SE*, **22**, 76）的註 3 中發現。〕

別談過。然而，只當自戀症的概念出現時，這道曙光才會投在這些自責的實際機制上。在論自戀症（1914c）一文第三節，佛洛伊德開始談起幼年時期的自戀在成年之後會被奉獻於自身中設立的理想「我」所取代。然後他推出一個概念，即可能有個「特殊的心靈審查者」，其職責在於監視實際的「我」，且以「理想我」或「我理想」（這兩詞的用法似乎沒什麼區別）來作為權衡標準。對於這個審查者，他把好幾種功能歸之於它，包括良心、夢的檢查，以及某種妄想。在〈哀悼與憂鬱〉（1917e）一文中，他更進一步讓這個審查者對於哀悼的病理狀態負有責任，並且更加堅認，那是某種有別於「我」的其他部分，這點在《群體心理學》（1921c）一書中表達得更清楚。無論如何，該注意的是，原先在「『我』理想」本身和權能俱增中的「審查者」之間的區別，在此都已被拋棄：「審查者」被特別稱為「『我』理想」（SE, 18, 109-10）。和「我理想」相等的一詞「das Über-Ich」（按：即 "super-ego"，「超我」）也第一次出現（見下文頁73），雖然以其做為擁有強迫和遏止功能的審查者在後來霸佔了這個身分。事實上，在《「我」與「它」》以及兩三篇短文之後，「『我』理想」做為術語的用法就幾乎完全消失了。但在《精神分析新論》（1933a）的第三十一講中，有幾句話又讓它重新出現；在此我們發現它回到原初的區分，因為有個「重要功能」被歸於「超我」，即它的作為就是「『我』理想的載具，有衡量其自身之用」——這幾乎正是「『我』理想」首度在〈論自

戀症〉一文中披露時的用法。[19]

但假如我們回到佛洛伊德對於「超我」的起源所做的說明，這看起來就像是一種造作的區分。這樣的說明（在本文第 III 部）無疑是本書對於心靈三分法之中的第二重要論點。「超我」在那裡顯得像是從幼兒最初的對象投注中衍生而來的認同作用：它取代了俄底普斯情結（Oedipus[20] complex）。這種機制（即以認同與內攝所得的對象來取代先前的對象投注）最早被佛洛伊德運用於解釋一種同性戀（在他的達文西研究，1910c），在其中，一個男孩**對母親之愛**被他自己**對母親的認同**所取代。接下來他運用同樣的概念於憂鬱狀態（見〈哀悼與憂鬱〉，1917e）。後來對於這些種種認同與內攝作用更仔細的追索討論是在他的《群體心理學》（1921c）一書之第七、八、十一章，但只有到了本書，佛洛伊德才達到此最終觀點，即**「超我」是從幼兒最早的對象關係中衍生而來的**。

既然已經把心靈的剖析之法說清了，佛洛伊德就已站上一個位置，可檢視其種種含意，這是在本書的末尾幾頁所談的——在心靈的三分結構與兩種驅力之間的關係，以及心靈的這種區分之

---

19 譯註：在原初的區分之中，「描述性的」和指出其「特殊功能的」，兩者中的後者，到此才說清楚了。但這種特殊功能和具有「強迫和遏止的身分」，是判然有別的兩回事：負面功能與正面功能。在談論「超我」時，我們常都只注意到前者，很容易忽視後者。

20 譯註：Oedipus 這個名字按照原文（希臘文或德文）的發音都不會唸成「『伊底』帕斯」。目前能找到最接近的音譯就是「俄底普斯」，本文中將依此發音原則貫徹使用。

間的內在關係,其中還特別牽涉到罪疚感。但此中的許多問題,尤其是最後一個,就形成了緊接在後的幾篇作品的主題,譬如〈自虐狂的經濟論問題〉(1924c),〈俄底普斯情結之瓦解〉(1924d),兩篇論神經症與精神病的文章(1924b, 1924e),以及一篇論兩性之間解剖差異的文章(1925j)……另外還有一篇更重要的〈抑制、症狀與焦慮〉(1926d),只晚了一點出版。最後,對於「超我」做了進一步較長的討論,也對「超『我』」、「良心」、「罪疚感」、「懲罰的需求」以及「懊悔」這些字眼是否運用得當,一併做了有趣的檢視,都可在《文明及其不滿》(1930a)一書的第七、第八兩章發現。

「我」與「它」

〔序〕

　　這裡所討論的，是我在《超越快感原則》（1920g）一書中開啟了某些思路之後的進一步發展，並且，我在其中已註明，[21] 我的態度是乃是一種良性的好奇。在下文中，這些想法會連結到分析觀察的若干事實，以及在其中試圖把這個節點推向新的結論；然而，本文不會用借自生物學的新觀點，且在此的說明中，比《超越快感原則》要更接近於精神分析。在本質上，這更是一種綜論而非僅是臆測，且在觀點上似乎帶著更具野心的目的。不過，我意識到，這只是一篇綱要的草稿，其有限的程度也距離我能完全滿意的目標尚遠。

　　本文所觸及的東西尚未成為精神分析思考的題材，並且不可能避免冒犯到在此之前的某些理論——某些由非分析師，或先前曾為分析師但退出精神分析陣營者，所提出的理論。在其他地方我總是會承認我受惠於其他的理論工作者；但在此處我就不必再負有那種恩情債務了。精神分析在此之前如果沒有顯示出對某些事物的賞識，那從來不是因為忽視了那些成就，或有意拒絕其重要性，而是因為它所遵循的特別路徑尚未能帶領到那麼遠的境界。然而在終於抵達該境界時，對於所有事物的看法也就會和其他人頗為不同了。

21　〔編註：*SE*, **18**, 59〕

1. 意識以及何謂無意識

在本章的緒論中,所說的不是什麼新鮮事,並且難免會重複先前常說的東西。

把心靈區分為意識和無意識,是精神分析的基本前提;僅此即足以使精神分析有可能理解心靈生活中的病理歷程,以便在科學的架構中為它找到一個很普通也很重要的地位。換個說法來再說一遍:精神分析不能只讓心靈的本質座落在意識之中,而必須把意識視為心靈之中的一種性質,它可以額外地以其他性質呈現,或甚至就缺席不現身。

如果我可以假定每一位對心理學有興趣的人都會讀到本書,那我也得準備好,會碰上一些讀者,走到這裡就停步不前了;因為我們在此碰到的乃是精神分析的第一道測試關卡（shibboleth）。對於大多數曾受過哲學教育的人而言,任何屬於心靈的事物如果不是同時屬於意識,這樣的觀念簡直難以理解,因此認為這等謬論光憑邏輯就可予以否證。我相信這是因為他們從未研究過和催眠以及夢有關的現象,這些——相當不同於病理的顯現——就會使得他們必然持有上述的觀點。他們的意識心理學實不足以解決夢與催眠的難題。

「有意識」[22]首先就只是個純粹描述的字眼,存在於對大多

---

22 〔編註:「有意識」的原文是「Bewusst sein」（兩個字）。與此相似的用詞,在《外行人的分析》（1926c）中指「意識」時,是以德文一般的用法「Bewusstsein」,但在此寫成兩字是在強調 bewusst 的受格分詞狀態——因

14 數直接體驗與某種狀態的感知中。體驗的繼續發展就會顯示出心靈的元素（**譬如一個念頭**[23]）在常規上本不能延伸到一定長度。相反地，有意識的狀態，其特性就是非常短暫；一個**意念的呈象**（Vorstellung）在此一時是有意識的，在彼一時就不是了，雖然在某種條件下很容易有辦法使它再度變回如此。而在這中間的時刻，意念乃是——我們其實不知其為何物。我們可以說它是**隱伏的**（latent），以這樣的說法，我們意指它在任何時刻都**有辦法變成有意識**。或者，我們說它是**無意識的**，這樣，我們也算是給了一個正確的描述。在此，「無意識」就跟「隱伏以及有辦法變成有意識」相當了。哲學家無疑會持反對說：「不對，『無意識』這字眼不能這樣用；只要意念處於隱伏狀態，那就根本不算是心靈現象。」到此，若僅僅指出他們的矛盾，那就只不過是一場毫無意義的口舌之辯了。

此英文實應譯為「being conscioused」。英文中的「conscious」可使用為主格或受格；但在本篇的討論中就總是以受格來看待。可比較佛洛伊德的後設心理學論文〈無意識〉末尾之處，編者加上的註腳（SE, 14, 165）。〕譯註：在英譯文中也已用了兩個字「being conscious」，故中文翻譯為「有／意識」，即指「有意識狀態」，而不只是「意識」的概念。

23 譯註：這裡的「一個念頭」，在 SE 中譯為 an idea，值得推敲的是原文 Vorstellung，它沒有現成的英文可用，大致可譯為意念、概念、觀念、表現、再現、展現、呈現、想法、意象、圖象、引介、作品，等等。在本句中強調它的特性是非常短暫，所以是短暫的意念，中文就可譯為「念頭」。但此詞在下文他處出現時，把上述幾個意思綜合起來，成為佛洛伊德特製的術語，在陳傳興、沈志中、王文基所翻譯的《精神分析辭彙》中譯為「表象」。但由於「表象」容易與 appearance 的譯名相混，故另將它譯為「呈象」，有時則用贅詞「意念的呈象」。

但我們之所以會抵達「無意識」這個字眼或概念，乃是循著另一條路徑，沿路推敲著某些體驗而來，其中**心理動力學**扮演著要角。我們的發現——也就是說，我們是被迫做出這個假定——即有甚為強而有力的心理歷程或意念呈象存在（在此有個量性的或經濟的因素首度闖入問題之中），它可在心理生活中產生所有的效應，正如平常的呈象也能如此（包括一些效應反過來可變成有意識的意念），雖然它本身不會變成有意識。這裡沒必要在細節上重複先前常被解釋的東西。[24] 這樣說已經足夠：精神分析理論在此步入了、也肯定了一個理由，即為何這樣的意念呈象不能變成有意識，那是因為有某種力量在跟它作對，否則它就可能變成有意識，然後，很顯然地，這和我們所知的心靈元素其實沒什麼不同。事實上精神分析在技術上已發現一種手法，可藉以移除對立的力量，而問題中的意念呈象也可使之變為有意識，這樣就可使此理論堅不可摧了。在有意識之前存在的意念，我們稱之為**壓抑**（repression），我們認定樹立與維持壓抑的力量，在分析工作之中可感知為**阻抗**（resistance）。

　　因此我們是從壓抑的理論中獲得無意識的概念。受壓抑者（the repressed）對我們而言乃是無意識的初型（prototype）。然而，我們看出我們有兩種無意識——其一為隱伏的，但有辦法轉變成有意識；另一則是受壓抑的，它本身不會、也懶得來

24　〔編註：譬如可見〈關於無意識的一則註記〉（1912g），*SE*, **12**, 262, 264.〕

變成有意識。這麼一點洞識進入心靈的動力學中，定然會影響到術語的使用以及描述的方式。其隱伏者，之為無意識乃是在描述上如此，而非在動力的意義上如此，我們就稱之為**前意識**（preconscious）；至於**無意識**一詞，我們將它限於指在動力上受到無意識壓抑者；於是現在我們就有了三個術語：**意識**（**Cs.**）、**前意識**（**Pcs.**）、**無意識**（**Ucs.**），而後者的意思就不再是純粹描述性的。[25] 以我們的假定來說，**Pcs.** 大部分較接近於 Cs. 而非 Ucs.，而既然我們已把 Ucs. 稱為心靈的，我們就更不該猶豫把隱伏的 Pcs. 也稱為心靈的。但是，我們為何不乾脆跟哲學家維持一致，即反過來同意把 Pcs. 跟 Ucs. 都從有意識的心靈中分割出去？然後，哲學家就會主張 Pcs. 和 Ucs. 應該描述為「精神病屬的」（psychoid）兩類物種，或兩個階段，這樣就可在兩陣營之間建立起和諧關係。然而這麼一來，在往下的說明中就會出現無休無止的難題；且其中有個重要事實，即這兩種「精神病屬的」成分幾乎在每一方面都剛好跟我們已知的心靈無異，於是它們就會被趕入背景，我們也會被迫回到以前的偏見年代——當時對於這些精神病屬，或其中最重要的部分，還都是未知的。

現在我們就更可敞開心懷地來玩玩我們的三個新術語：**Cs.**，**Pcs.**，以及 **Ucs.**，只要我們沒忘記，以描述的意謂來說，

---

[25] 譯註：要注意這三個新術語就是用代碼 Cs., Pcs., Ucs. 來表示。此處附上的「意識／前意識／無意識」在原文中即已如此，但下文中就只用代碼，不附加譯名。中譯文也將照此呈現。

有兩種無意識，但在動力的意謂中，則只有一種。[26] 為了攤開來展現，這種區分在某些情況下可以忽視，但在其他狀況就當然是不可避免的。在此同時，我們也或多或少習慣了無意識的這種曖昧性質，也能夠處理得十分得當。以我到目前的所知，要避免這種曖昧是不可能的；在意識與無意識之間的區分，說到底就是感官知覺上的問題，我們只能回答「是」或「不是」，而感知的本身也沒有任何理由可講，何以有些事是感知得到或感知不到的。任何人都無權抱怨，因為實際的現象只能以曖昧的方式來表達這種動力因素。[27]

26 〔編註：對於此句有一些評論，可見於附錄 A（頁 114-116）〕
27 原註：到目前為止，這可以跟我的〈論精神分析中的無意識，一則筆記〉（1912g）做個比較［另可比較後設心理學論文〈無意識〉（1915e）的第一節、第二節］。到了這環節，對於無意識採取批評之後的新轉折就很值得推敲。有些研究者雖然不拒絕承認精神分析所知的事實，卻仍不願意接受無意識，但他們倒不難找到一條出路，就是在無可爭議的事實上，在意識（視之為一種現象）當中有可能區分出許多強度和清晰度上的漸層。正如在此歷程中有些意識非常清晰、明亮，甚至有如摸得著，但我們也會體驗到某些意識昏暗不明，甚至很難注意得到；而對於那些最昏暗的意識 他們的爭論都是說：那就是精神分析想用不一定合適的名稱「無意識」來涵蓋的。這些都一樣，無論如何（不管爭論怎樣進行下去），都是意識或「在意識中」，因此，設若有足夠的注意力放在上面，定皆能弄成夠強的意識。

到目前為止，我們對於這類問題的決定是否有可能受爭論的影響，那就得看是根據俗見或根據情緒因素才可表達如下的意見。關於意識有漸層的清晰度之說，實際上未曾得出任何結論，也沒有任何證據力十足的數值可資引用，就好像如下的類比之說一樣：「對於光照現象有這麼多的漸層──從最明亮炫目的光到最昏暗不明的影──因此根本沒有所謂的黑暗可言」；或如「正因有這麼多程度的生命力，因此根本沒有死亡可言。」像這樣的說法，在某些方面可能是有意義的，但就實際的目的而言，那是根本不值一顧。如

17　　　不過，在精神分析的進展之下，連這些區分都可證明是不足的，並且在實務的目的上看來，就是不夠用。可有一種以上的方式來使這一點變得更加明白；但具有決定性的顯例如下。我們已經形成一個觀念，就是每個人的心靈歷程之中有一套連貫的組織；我們稱之為該人的「**我**」（ego, das Ich）。人的意識就是依附在此「我」之上；「我」控制了運動的路徑——也就是說，控制了激動量向外部世界的釋放；它是心靈的行事者，掌管著本身所有歷程的成分，到了夜裡它就會睡著，但即令如此，它仍繼續對夢執行審查之務。[28] 在此「我」中也進行壓抑的作用，所透過的途徑就是把心中的某些傾向予以排除，不只排出意識之外，還包括產生其他種種形式的效能和行動。在分析之中，這些

　　果有人想在此得出一個結論來，那就好像說「因此沒必要打開一道光」，或是「因此所有的有機體都是不朽的」一樣。更有甚者，把「不能注意到」包含在「有意識」的範疇之內，那就是把我們對於心靈所直接獲知的唯一確定知識丟入糞土之中。並且，總而言之，對於意識的一無所知，對我而言，比起對心理狀態中無意識的無知，要更為荒謬透頂。最後，這種想要把「沒注意到」跟「無意識」劃上等號的企圖，顯然是在不顧及其中包含的動力條件下才會冒出來的。因為在此忽視了兩個事實：第一，要想對這種沒注意到的東西賦予足夠的專注，那是超級困難且極為費力的事情；其次，就算能夠完成此事，先前沒注意到，也不認為在意識中有此，那就常會看成完全的異物，並且會立刻以否認來反對它。於是，能讓鮮少注意或全然不注意的東西逃離無意識，就是把它看成先前已經認定的信念之衍生物，也就是認定心靈和意識本來即是同一體，然後就能讓它成為一了百了的定論。

28　譯註：注意這一句，第一次出現以代名詞「它」來稱「我」。這還只是文法上的必然：當「我」是一種事物的稱謂，而非只是第一人稱代名詞時，在所有的提指（mentioning）中就一定要稱之為「它」。這和下文發展出的「它」（the id, das Es）是截然不同的兩回事。

被封鎖的傾向就站在「我」的對立面,而分析所面對的任務就是要移除「我」對其自身的壓抑所產生的阻抗。我們在分析之中發現:就算我們對患者實施了一些治療,他仍然陷在困難之境中;每當他在挨近壓抑之時,他的聯想就會使不上力。至此,我們會告訴他,他被阻抗所支配;但他對此事實卻相當無感,就算他能在這種不快的感覺中猜測到有阻抗在身,但他仍不知那是什麼,也不知要如何描述。因為,無論如何,這種阻抗無疑是發自其「我」,且也歸屬於它,然而我們卻發現我們自己陷入未曾料到的情況中。我們碰上了「我」本身之中也屬無意識的東西,其行徑與受壓抑者恰恰是同一門路——也就是說,它能產生有力的效果但卻不能意識到自身,而這需要特殊的工夫才能使之變成有意識。由分析實務的觀點來看,此一發現的後果就是,我們已經迫降在這樣一塊陸地上,其中有綿綿無盡的曖昧與難題,設若我們還一直維持習慣性的表達形式,譬如,把神經症視為來自意識與無意識之間的衝突。因此我們應該要把這種衝突的正反對比之論(antithesis)[29]替換成另一個——亦即在連貫的「我」與從其中分裂而出的壓抑的「我」,這兩者之間的正反對比。[30]

無論如何,就我們對無意識的想法來說,我們的發現有更重要的後果。動力的考慮致使我們做出第一道修正;我們的洞識又隨之引導出第二道,讓我們修正出對於心靈的結構。我們

---

[29] 譯註:相對於 thesis(正論)而言,antithesis 就應稱為「反論」,但在此所指的是 thesis/antithesis 兩者間的關係,故譯為「正反對比之論」。
[30] 原註:參照《超越快感原則》(1920g)。

認出 Ucs. 並不與受壓抑者兩相重疊；反過來說仍是對的，亦即所有的受壓抑者都屬 Ucs.，但並非所有的 Ucs. 都是受壓抑者。「我」當中有一部分——天曉得這一部分有多重要——也可能是 Ucs.，它無疑就是 Ucs.[31] 而這個 Ucs. 之屬於「我」，並不像隱伏的 Pcs. 那樣；設若就是那樣，那它就不可能不變成 Cs. 而竟能有發動的功能，並且要變成有意識就不至遭遇那麼大的困難。當我們發現自己所面臨的必然性，就是要設定不屬於受壓抑者的第三種 Ucs. 時，我們必須承認，所謂在無意識中的特性，對我們而言就會開始失去意義了。它會變成一種性質，可能帶有許多意義，而這種性質無法像我們所期望的那樣，做為基礎來導出能夠往遠處延伸的結論。然而，我們必須小心不要忽略這種特性，因為認清有意識或沒有意識的屬性，乃是我們在深層心理學的暗黑領域中，最後的一座燈塔。

31　〔編註：此說在《超越快感原則》中已經說過，也可見於較早的〈無意識〉（1915e）一文。實際上，在更早的〈論防衛的神經 - 精神疾病〉（1896b）第二篇篇首的註記中已有暗示。〕譯註：原文中先說「可能是」，接著說「無疑就是」，這就像我們說「一定是」一樣，半帶猜測半帶肯定，也就是在思考中的「我」對猶豫中的自己所強調的肯定。

II. 「我」與「它」

病理學研究過於排外地把我們的興趣導向受壓抑者。我們應該對「我」（ego, das Ich）多知道一些，既然我們已知「我」就其正當的字義而言也可以是無意識的。在此之前，我們在探討之中唯一的指南針就是指向意識與無意識的界樁；後來我們終於看到這指標是多麼隱晦不明。

現在我們可確定所有的知識都是來自意識。我們也已知道，連 Ucs. 也只能在讓它變成有意識時才為可知。但是，等一下，這怎麼可能呢？當我們說「讓某某東西變為有意識」時，那是什麼意思？那是怎麼變出來的？

在這個脈絡下，我們已知一個要點，可用來開啟討論。我們說過，意識乃是心靈裝置的表面；也就是說，我們已將它歸屬於一個系統的功能，而這個系統是從外部世界為起點所能企及的第一道空間——這空間性不只是就功能的意謂來說的，而是，在此事例中，也指解剖學上的區分。[32] 我們的探討也必須拿這個能知能覺的表面來做為起點。

所有的感知，凡是從外部（感官知覺）以及從內部接收而來的——我們稱之為感覺和情感者——從一開始就是 Cs.。但還有那些內部歷程，我們可以（約略且不太準確地）總稱為思想歷程者，那又是怎麼回事？它們代表了心靈能量的誤置，作動於心靈

---

[32] 原註：參見《超越快感原則》[SE, **18**, 26]。

裝置內部的某處,當此能量朝著行動而發之時。是它們向表面推進,而導致意識的產生?或是由意識對它們發動的?這顯然是諸多難題之一,一旦你對心靈生活開始認真採取空間性的,或「地誌學的拓撲」觀念之時,就會面臨的。這兩種可能性都是一樣的難以想像;是以必須有第三種選項才行。[33]

我已經在別處提議過,[34]Ucs. 跟 Pcs. 的意念(即思想)之間真正的差異所包含者正在於此:前者是由某種未知的物質所執行,然而後者(Pcs.)則是額外由語言呈象(word-presentation)帶入此關聯中。這是首次嘗試來指明 Pcs. 和 Ucs. 這兩系統之間分野的界樁,並且是在它們分別跟意識的關係之外。這個問題,也就是「一件事物究竟是如何變成有意識到的?」——做更進一步的提問,就得說:「**一件事物究竟是如何進入前意識的?**」而**它的答案應是:「透過跟相應的語言呈象而關聯起來。」**

這些乃是記憶的殘餘(residues of memories)[35];它們曾經一度是感知,而後正如所有的記憶殘餘一樣,可以再度變為有意識。在我們進一步關切其本質之前,它本身如曙光初臨,像個新的發現一樣——只有曾為 Cs. 感知者方可成為意識,而任何發自內部的東西(情感除外),在尋求變為有意識之時,都必須先將

---

33 〔編註:此一問題在〈無意識〉(1915e)一文中已有很長的討論,見該文的第二節(*SE*, **18**, 173-6)。〕
34 〈無意識〉[*SE*, 201 ff.]。
35 譯註:記憶的殘餘(residues of memories),在下文中也稱為 mnemic residues,同義詞,意思不變。

自身轉換為外部感知：這只有透過記憶的軌跡方為可能。

我們認為記憶的殘餘乃是包含在緊鄰著 **Pcpt.-Cs.** 系統[36]的另一些系統中，於是那些殘餘的投注就足可由內部延伸到上述的系統中。[37] 在此，我們會立刻想到幻覺（hallucinations），以及事實上最清晰的記憶永遠都可跟幻覺以及跟外部感知有所區別；[38] 但我們也會立刻想到：當記憶復甦時，投注會保留在記憶的系統中，然而在幻覺，當它與感知（看似）[39] 無異時，其發生時的投注不只從記憶軌跡中延伸到 **Pcpt.** 的元素，而是**完完全全地**跳越過去。

語詞的殘餘基本上都是由聽覺的感知而來，[40] 由是，在 **Pcs.** 系統中即可認定具有特殊的感官來源。至於語言呈象的視覺成分乃是次級的，經由閱讀而獲得，且自始就可以擱在一旁；而字詞

---

36 譯註：「Pcpt.-Cs. 系統」就是指「Cs. 系統」，在此加上 Pcpt.（perception 的縮寫），意在強調意識的感知功能。
37 〔編註：參照《釋夢》（1900a）第七章（B），*SE*, **5**, 538〕
38 〔編註：此一觀點已經由布洛伊爾（Breuer）在《歇斯底里研究》一書中，他所擔任的理論撰寫部分中表示過。〕
39 譯註：這（看似）兩字係譯者所加，因為光說「當它與感知無異」，會令人覺得確有無異之事，但這句話要表達的是後面所說的「完完全全地跨越過感知」，所以幻覺絕不是「與感知無異」。
40 〔佛洛伊德在他論失語症的專刊（1891b）中，奠基於病理學的發現而做出此一結論（*SE*, **1**, 92-4）。其要點做成的圖示刊載於〈無意識〉一文的附錄 C 中（*SE*, **14**, 214）。〕譯註：「基本上都是由聽覺的感知而來」——這說法跳過了視覺感知，但由於中文的形象特性，在論及「語言呈象」時，中文使用者大抵都會注意到語言意象和文字的關聯非常密切，不似拼音文字「都由聽覺而來」。對此，佛洛伊德也一定不會思想不及。他的補充說明，看看下文就會知道。

的運動意象（motor images），除了在聲啞者之外，都扮演著輔助指示的角色。在本質上，一個語詞最終就是曾經聽過的語詞所留下的記憶殘餘。

我們一定不可因為可能有簡化的興趣，而致忘記了視覺殘餘的重要，尤其當它們是屬於事物（的記憶）時，或至於否認思想歷程得以變成有意識，乃是透過視覺殘餘的逆轉而來，且這在很多人身上，還可能是更為偏好的方法。對於夢以及前意識幻想的研究，正如在伐亨東克（Varendonck）的觀察中所顯現的，[41] 關於這種視覺思維的特殊性質，可讓我們有一個概念。我們在其中可學到，但凡能變成有意識的，按規則來說，就只是思想中的具體題材，而此題材中種種元素之間的關係，我們把它當作思想特有的本色，卻都不能做出視覺上的表達。因此，用圖像來思考（thinking in pictures）僅只是變成有意識的一種很不完整的形式。在某些方面看來，它也代表了比用語詞來思考（thinking in words）要更接近於無意識歷程，而毫無疑問的是，它比起後者要古老得多，無論就個體發展史上或在種系發展史上而言皆然。

內部感知引起的感覺歷程，生出最為繁複且一定也在心靈裝置的最深層面中。我們對於這些感覺情緒所知極少；有關苦樂的系列即可視之為其中的最佳範例。它們比起來自外部的感知要更為原始，更為根本，且它們可在意識的陰霾之中發生。對於它們

---

[41] 〔編註：參看 Varendonck（1921），佛洛伊德為此書寫了一篇導論（1921b）。〕

在經濟論上的極大意義以及後設心理學上的理由，我在別處[42]表達過我的觀點。這些感覺，像外部感知一樣，帶有多種腔調；它們可能同時發自多個不同的地方，因此可能具有各不相同的、甚至相反的性質。

帶有享樂意味的感覺在本質上沒有任何強迫性，然而苦的感覺卻是高度地咄咄逼人。後者會逼人改變，要尋求釋放，那就是何以我們會把「苦」詮釋為意謂著能量投注的高張，而「樂」則是能量低弛。[43]我們就把這變成苦樂意識者稱為心靈事件過程中帶有量性與質性的「某物」；於是問題就變為：這「某物」之能變成有意識，究竟是在其本身所在之處，還是它必須先傳遞到 Pcpt. 系統？

臨床經驗所決定的答案是後者。我們看見的是此「某物」的行為就像受壓抑的衝動。它可以不讓「我」曉得就逕自冒出驅動力。直到對此強迫衝動產生阻抗之時，或對此釋放產生反動之時，這個「某物」才會立即變為苦的意識。以此同樣的方式，由身體的需要而產生的緊張可以停留在無意識中，而同樣的就是痛苦——這是介於外部與內部感知之間的狀態，它會表現為內部感知，縱然其來源是外部世界。因此，不變的真相就是感覺與情緒也一樣，只當抵達 Pcpt. 系統時才會變為有意識；假若此前進之途受阻，它們就不會顯現為感覺，即令與此相對應之「某物」和

---

42 〔編註：《超越快感原則》（1920g），*SE*, **18**, 29.〕
43 〔編註：（譯者增補：同上）*SE*, **18**, 8〕

激動的過程宛如是一樣的。[44] 接下來我們就得用簡縮且不完全正確的方式，說它是「無意識的情感」，以與無意識意念呈象可以互相比擬，只是這樣的說法並不完全有道理。實際上其間的差異在於：就 **Ucs. 意念**而言，在它可以帶入 **Cs.** 之前，必須先創造出可聯得起來的連結，[45] 然而就**情感**而言，既然它自身可以直接傳遞，這連結就不會發生。[46] 換言之，在 **Cs.** 和 **Pcs.** 之間的區分在我們談到情感時就毫無意義；其中的 **Pcs.** 在此掉隊——而情感要麼是有意識的，不然就是無意識的。即令它們是附著於語言呈象，它們之能變為有意識也不是由於那樣的環境條件，而是直接變成有意識。[47]

語言呈象在此所扮演的角色變得完全清晰可見。由於它們的置入，使得內部的思想歷程被拉進感知之中。這簡直像是一個原理的證明，亦即所有的知識來源都是外部感知。當思維歷程的超級投注發生時，思想就實際上是可感知的——宛如從外而來——結果這就一直被視為真實。

對於外部內部感知跟表淺的 **Pcpt.-Cs.** 系統這兩者間關係做

---

44 譯註：這句話有點拗口，因為那「某物」和激動歷程在理論上是同一物，但正因為它未能抵達感知的意識（即 **Pcpt.** 系統），因此我們只能說這種「一樣」是「宛如」。
45 譯註：這種連結是指「語言呈象」。
46 譯註：把以上一句說得更簡明一點，就是：無意識意念通過語言呈象，可以有意識地說出來，譬如「願望、焦慮」的意念；但像苦樂之情，不待意識，已經自現。
47 〔編註：參看〈無意識〉（1915e）一文的第三節，*SE*, 14, 177-8〕

過一番澄清之後，我們就可以繼續進入我們對於「我」這個觀念的探究工作。如我們所見，它的起點是 **Pcpt.** 系統，亦即它的核心，然而它始於跟 **Pcs.** 的見面擁抱，而這 **Pcs.** 所鄰接的乃是記憶的殘餘。但是，如我們已經學到了，「我」也屬於無意識。

　　現在我認為我們如果能夠聽從一位作者的建議，定可獲益匪淺，但依他個人的動機來說，很可惜他認定他跟純科學的嚴謹態度無關。我說的是葛羅岱克（Georg Groddeck），他幾乎窮其畢生之力堅認為我們所謂的「我」，其行為在生命中基本上就是消極被動的，而他說，我們是「被活在」未知以及不可控制的力量之下。[48] 我們大家都有類似的印象，雖然不至於被襲捲到排除其他一切，然而我們不需遲疑也可為葛羅岱克的發現找到科學結構中的一席之地。我建議將它納入考量，就是把 **Pcs.** 所促發並在 **Pcpt.** 系統中所開啟的實體稱為「我」，然後遵循葛羅岱克的意思，把心靈中的其他部分，也就是此一實體延伸到行徑有如 **Ucs.** 的部分，稱之為「它」（the It）（中文就讀作「它」）。[49]

　　我們很快就會看見，從這個觀點究竟可以導出什麼好處——

48　原註：葛羅岱克（Groddeck 1923）.

49　〔編註：[參見編者的導論，頁 45-46]——葛羅岱克本人無疑是跟隨著尼采的典範。尼采很習慣使用這個文法上的用詞（「它」）來指稱人類本性中任何非屬個人的成分，可以說，就是將它歸屬於自然法則之下。〕譯註：譯者將這個「它」增補一句「中文讀作『它』」，理由見譯註 5。到目前為止，絕大多數中文翻譯所採取的譯名為「本我」，這不但不符原文的意思，也產生過度詮釋的翻譯效應，就是將人所不知者採用實體化的方式來命名，使得作者在本文所有的討論都會因此而變得毫無意義。我們必須為這場嚴重的翻譯鬧劇來做一次洗心革面的正名。

圖一

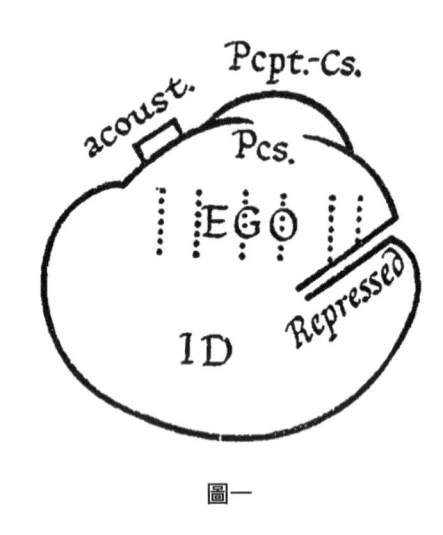

其目的不論是就描述而言或就理解而言。我們現在就該來把一個人看成一套心靈的「它」，亦即己所不知也無意識的，在此表面上蓋著一層「我」，從此核心發展出 Pcpt. 系統。如果我們努力將此做出一幅圖示，我們就可補充說：「我」並未完全覆蓋著「它」，但只有到 Pcpt. 系統形成〔「我」的〕表面那程度，才能如此，這情形好比胚盤覆蓋在卵子上面那樣。「我」並非與「它」截然可分；它的底端是融入「它」的。

但受壓抑者也是融入「它」的，且僅有一部分如此。受壓抑者只在「我」的壓抑之下產生阻抗之時，才會從「我」之中斷然割離；它仍可透過「它」來與「我」溝通。我們立刻就會明白：我們以病理學的名義劃出來的所有分界線幾乎只與心靈裝置的表淺層面有關——我們只知道這些。我們正在描述的事情可以圖示

表達（圖一）；⁵⁰ 不過必須註明：選用這個形式完全不是某種特殊應用的表態，而只有用來展示的目的。

我們也許可以補充說：「我」可能戴著一頂「收聽帽」（Hörkappe, cap of hearing）——只戴在一邊，正如我們所知的腦部解剖學。也許可說是戴歪了。

一看即知，「我」就是「它」的一部分，即透過 **Pcpt.-Cs.** 做為媒介而受到外部世界直接影響，並受到修改的部分；以某種意義來說，它就是從表層分化延展而來的。毋寧唯是，「我」所尋求的是將外部世界的影響帶進「它」及其動向之中，且努力要用現實原則來替換毫無節制地統治「它」的快感原則。對於「我」來說，感知所扮演的正是「它」當中的驅力角色。「我」代表了我們通常稱為理性和常識的東西，相對於「它」當中所包含的熱情而言。以上所說的就是我們都很熟悉的通俗區分；不過，就在同時，那只能視為一般而言的「理想」，或至多還好而已。

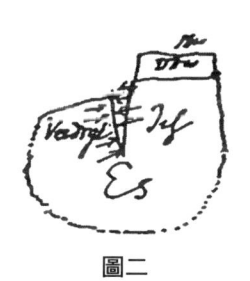

---

50 ［編註：圖示的方式可比較與此圖稍有不同的畫法，在《精神分析新論》（1933a），第 31 講；以及完全不同的畫法，在《釋夢》（1900a), *SE*, 5, 541；還有先前在 1896 年十二月六日致弗利斯的信函（Freud, 1950a Letter 52）中的圖示，表示的要點在於功能，也表示了結構。］譯註：還可比較的一則圖示見於佛洛伊德與葛羅岱克的通信 [1921]（圖二），也就是圖一的草圖。圖中出現的德文 [含簡寫] 是：Ich=ego; Es=id; Verlag（Verlagung）=repression。（圖二）

圖二

「我」在功能上的重要性顯現在事實上能正常地控制種種由外部委辦的行動取向，於是，「我」與「它」的關係，就像是騎在馬背上的騎士，他必須握緊韁繩來調節馬的強大力量；由於有這般力量上的差異，騎士只能使盡他的全力來駕馭馬，然而「我」所用的還只是借力使力。這個譬喻還可稍稍往前多走一步。通常這位騎士，假若不是要跟馬分開，那他就得隨著馬的動能來引導馬的走向；[51] 同理，「我」就會習慣地將「它」的意志轉換為行動，宛若那動力就是自己的。

　　在 Pcpt. 系統的影響之外，似乎還有另一個因素，其所扮演的角色在於打造出「我」，並使它從「它」中分化出來。一個人自己的身體，莫甚於其表面，乃是外部感知以及內部感知冒出來的所在。看起來跟其他任何對象無異，但對於碰觸，它會產生兩種感覺，其中之一可以等同於一種內部感知。心理生理學已經充分討論過一個人自己的身體如何能在感知的世界的諸多對象之中獲得其特殊的地位。痛感也是這樣，似乎在此歷程中扮演一個角色，我們在病痛當中獲取我們對器官之新知，而這也許是一個模型，我們將此概括起來，就成為我們對於身體的整體觀念。

　　「我」從頭到尾就是**身體的「我」**（bodily ego）；它不只是個表層實體，其本身乃是一個由表層而來的投射。[52] 如果我們

51　〔編註：這個譬喻出現於佛洛伊德對於他所做的一個夢之聯想，見於《釋夢》[SE 4, 231]。〕

52　〔編註：也就是說，「我」最終就是由身體感官延伸而來，最主要的就是從身體的表面冒出來。因此可視之為身體表層而來的心理投射，此外，如

要為他找到一個解剖學上的類比，我們最好將它等同於解剖學家所謂的「皮質層裡的小人」（cortical homunculus），這小人用頭部站在皮質層裡，把腳跟黏在那裡，臉部朝後，並且如我們所知，它的言說區是在左手邊。⁵³

「我」與意識的關係，在此文中反覆多次提及；然而有些重要的事實在這關節上仍有待描述。無論我們走到哪兒，我們一向習慣採取我們的社會或倫理價值尺度，於是當我們聽到所謂較低級熱情的活動都在無意識之中，這說法就不會令我們感到驚訝；更且，我們還期望會聽到：任何心理功能，只要是容易為意識所及並予以肯定的，在這價值尺度上就會是較高級的。不過，精神分析經驗對此的說法就會令我們大失所望了。一方面，我們有證據可說，就連最微妙以及最困難的智性操作，通常需動用高度反

我們在先前所見，它代表的是心靈裝置的種種外觀（superficies）。——這個註腳在 1927 年首度出現於英譯本，其中還說是佛洛伊德的親筆。但在德文版中不曾出現。〕譯註：外觀、外表、表層等等字眼是對於「身體的『我』」的種種描述，很難準確地知道其所指為何。迪迪耶・安柱（Didier Anzieu）曾經有一本著作，說明這種描述的所指為「皮膚的『我』」，他最早用 skin-self，經過將近二十年的發展之後，改稱為 skin ego，見 Anzieu, D.（1985），*The Skin Ego*, New Haven/London: Yale Univ. Press, 1989。

53 譯註：這段對於「我」的解剖式譬喻，是接在圖示之後的一種「看圖說話」的描述。該圖看來就像是一顆腦部的簡圖。至於一個站在皮質層裡，腳跟也黏在皮質層裡的「小人」，這是取自潘菲爾德（Wilder Penfield）醫師所創作的圖像譬喻。比較像現代科幻漫畫裡，由人駕駛的機器人，人坐在機器人的頭部，但「臉部朝後」就只能理解為視聽官能必須向內投射的意思，言說區在左手邊，若是臉部朝前，那就是在右手邊。這段說明與描述，是佛洛伊德文筆中偶會顯現的一種「嚴肅的幽默」。

思的張力者，都一樣是在前意識中執行，而不必進入意識。這有許多不容爭辯的實例；譬如它可發生在睡夢中，正如有人在剛睡醒時發現他突然知道一道數學難題的解法，或其他問題的答案，而這是他在前一天絞盡腦汁而依然不得其解的。[54]

不過，還有另一個現象，比起來要更為奇怪。在我們的許多分析中，我們發現有些人的「我」批判官能與良心（這是心理活動，也就是在量尺上屬於極高的那些）是無意識的，也在無意識中產生最為重要的效果；其實例就是在分析中的阻抗都發生在無意識中，因此這都不算是特例。但這種新發現，雖然我們對於談及「無意識的罪疚感」時都持有高度「我」批判的判斷，但這仍會逼迫我們，比起其他事例更讓我們感到迷惑，且會無端生出許多新難題，尤其當我們逐漸看到更多神經症案例之後，看到這種無意識罪疚感在經濟論上扮演的決定性角色，並且看出它是在康復之途上丟出最重的絆腳石。[55] 如果我們回過頭來談我們的價值尺度，我們應該說：在「我」之中，不只有最低級的，而是包括最高級的，都可能是無意識的。這就像我們為方才對意識的「我」所作的肯定提出了證明：亦即它從頭到尾就是個**身體的「我」**（body-ego）。

---

[54] 原註：我在最近聽到一個實例，事實上它會被提起，是要用來反對我對於「夢作」（dream-work）的描述。〔編註：參照《釋夢》（*SE*, 4, 64, 以及 5, 564）〕。譯註：dream-work 在此要翻譯為「夢作」，正因為它是「夢的作品」，而不只是「夢的工作」。

[55] 〔編註：對此的進一步討論，見下文頁 99 註腳〕

III. 「我」與「超我」(「我理想」)

如果「我」只是「它」的一部分，經過來自感知系統的影響而做了修正，在心靈中代表真實的外部世界，果然如此，我們該對付的就只是個簡單的事態。但進一步就會發現滿目荊棘。

有幾種推敲引導我們認定在「我」之內存在著一個層級，是「我」的內在分化，我們可稱之為「我理想」(ego ideal)或「超我」(super-ego)，在先前已經提過。[56] 它們仍然有效。[57]

談到這裡，我們必須把我們的範圍稍稍擴大一點。我們對於憂鬱症這種痛苦的失調所持續下來的解釋，是立基於這樣的假設：在這種受苦之中，有個失去的對象在「我」之內再度建立起來——也就是說，有一道對象投注被認同所取代。[58] 不過，當其時也，我們還未能賞識此過程的完整意義，並且也還未知它究竟

---

[56] 原註：參照〈論自戀〉(1914c)，以及《群體心理學與「我」的分析》(1921c)。

[57] 原註：其中除了我似乎犯了一項錯誤，就是把「現實考驗」的功能歸於這個「超我」——這點需要更正 [參見《群體心理學》(1921c) SE **18**, 114 及註 2；另參見編譯者對於論夢的後設心理學論文的註記 (1917d, SE **14**, 220.)] 如果我們在談的是「我」與感知世界的關係，那麼，把現實考驗的功能當在「我」本身之內，那才是最完滿而適當的作法。早期有些地方提到關於「『我』的核心」之議，從來不曾定義清楚地寫出來，那也需要修正，因為單以 **Pcpt.-Cs.** 系統來說，就足以視為「我」的核心 [在《超越快感原則》(1920g) 一書中，佛洛伊德曾說道：「我」的無意識部分乃是其核心；還有在他的後期文章，論「幽默」(1927d) 一文中，他提到「超我」是「我」的核心。]

[58] 原註：〈哀悼與憂鬱〉(1917e) [SE, **14**, 249]。

有多普遍、多典型。自從那時以來,我們倒是瞭解了這種替代作用在「我」所決定採用的形式上居功不小,並且做出根本的貢獻來建立所謂的「性格」。[59]

在個體最初的原始口腔期,對象投注與認同無疑是互相不能區分的。[60] 我們只能在後來假定對象投注是從「它」發動的,其進行讓人感覺到這種情色之驅動有如需求。「我」在此,自始就一直是微弱的,察覺到對象投注之動,於是要麼默許之,要麼試圖以壓抑的行動來將它擋開。[61]

當其發生之時,個人既已放棄其性對象,隨後常出現的是他的「我」在發生變化,我們只能將它描述為在「我」之內樹立起對象,正如發生在憂鬱症之中;這種替代作用的真實本質是什麼,我們一直不得而知。很可能是透過這種內攝作用(introjection),也就是利用一種退行到口腔期的機制,「我」會比較容易將其對象放棄,或讓該歷程變得有可能發生。這種

---

59 〔編註:佛洛伊德對於性格形成的討論,有一些可參考的其他段落,見編者所加的一則腳註,在〈性格與肛門性慾〉(1908b), *SE*, 9, 175〕。
60 〔編註:參閱《群體心理學》第七章,*SE*, 18, 105〕
61 原註:對於透過認同來取代對象選擇,有一種很有趣的平行現象,可在初民的信仰中,也可在奠基於此的禁忌當中發現,那就是把動物的屬性吸收為營養,會在吃下此動物的人體內變為性格的一部分。如眾所周知,這種信仰就是食人主義及其各種效應,透過一系列用法而持續存在於圖騰大餐(totem meal),乃至天主教的領聖體之禮(Holy Communion)。〔編註:參見《圖騰與禁忌》(1912-13), *SE*, 13, 82, 142, 154-5, etc.〕在歸屬為這種信仰之時,即以口腔吞噬對象,其後果確實會在後來的性對象選擇當中表現出來。〕

認同作用很可能是唯一的條件,在其中的「它」方可放棄其對象。[62] 無論如何,這種歷程,尤其在早期的發展階段中,是很常見的,而由此才可能做出假設來說,「我」的性格乃是放棄對象投注的先兆,其中包含了那些對象選擇的歷史。當然,從頭開始就一定得承認,阻抗的能力有很多不同程度,其中就決定了其性格中在何種程度上擋掉了或接受了他的情慾對象選擇的歷史。在女性,由於他們有很多愛的經驗,因此不難在他們的性格特質中找到對象投注的殘跡。我們也必須把同時出現的對象投注與認同作用案例一併放入考慮——亦即這樣的案例:性格的改變先於對象的放棄。在這些案例中,性格改變得以在對象關係之下倖存,且在某種意義上可說是保存了下來。

從另一觀點來看,也可說,從情慾的對象選擇轉入「我」(為對象)的這種轉型方式也是一種方法,讓「我」可保有對「它」的控制,從而加深了跟「它」的關係——而其代價,說真的,就是在很高程度上默許了「它」的經驗。當「我」吸收了對象的特色後,這應說是在逼迫「它」來以自己為情愛對象,並且是在討好「它」的損失,對它好言說道:「看吧,你也可以愛我——我跟對象這麼相像呀!」

---

62 譯註:這段話當中,先說「『我』會比較容易將其對象放棄」,後來說「在其中的『它』方可放棄其對象」,如果我們要問佛洛伊德,到底是誰放棄了對象?是不是把「我」和「它」搞混了?那可不,因為前文已說過:「(如果)『我』只是『它』的一部分」——這句「如果」確是一個假設,但後來已發展為一個認定的假設,並由此演繹出「『我』的部分」或「『它』的部分」,以及兩者重疊為一的整套理論論述。

這種從對象力比多轉往自戀力比多的轉型方式,由其發生就可顯然看出其中隱含著一種對於性目的的放棄,亦即**去性化**(desexualization)——因此是一種昇華。果然,問題就來了,也值得仔細推敲,看看這是否為昇華的一條普世途徑,是否所有的昇華都可不透過「我」的中介即可發生,也就是從性愛的對象力比多轉往自戀的力比多,然後,也許繼續轉到另一個目的。[63] 我們往後也必須考量,難道其他的驅力週期起伏不也會導致這種轉型,譬如,種種不同的驅力,不會因為融合在一起而至衰減了嗎?[64]

雖然對我們的目的來說是岔題了,我們也無法避免把我們的注意多放一點在「我」的對象認同上。如果它們取得上風並且變得過於多數,力大而不能節制,互相之間又不能相容,則一場病理學的後果就不遠了。它可能造成「我」的崩解,其後果導致不同的認同作用透過阻抗而把彼此割離;也許在這些所謂「多重人格」(multiple personality)的案例中,其祕密在於不同的認同對意識做了輪流篡奪。就算事態沒跑得這麼遠,這裡仍有個問題:在種種認同之間的衝突撕裂了「我」,然而這些衝其實不能

---

[63] 原註:既然我們在「我」和「它」之間已做出了區分,我們必須承認「它」才是力比多最大的庫存,請參看我討論自戀症的論文(1914c)[SE, **14**, 75]。由認同作用而流入「我」的力比多,在其中所述,就帶出了「次級的自戀」。〔編註:此一論點會詳述於下文頁 96〕

[64] 〔編註:佛洛伊德在下文中會回到此一論題(頁 94-96,105-107)。關於本能融合與衰減的概念則在頁 89-92 做了解釋。這樣的用詞已經在他為百科全書寫的文章(1923a, SE, **18**, 258)中做了引介。〕

都稱為病態的。

但是,無論性格在往後發展中,能夠怎樣抗拒已放棄的對象投注之影響,在幼年最早的認同作用之下的效應一定是既全面且會延續下來的。這就把我們導回到「我」理想的起源;因為藏在那後面的就是一個人最重要的認同作用,也就是他個人的史前史中對於父親的認同。[65] 很顯然,這並非對象投注最初後果的實例;它是無縫密接的認同,並且是發生在任何對象投注之前。[66] 但對象選擇屬於最初的性愛時期,且跟父母相關,通常都會在其中發現這一類認同作用的結果,於是也增強了原初的選擇。

這整個論題,無論如何,就是這麼複雜,因此有必要以更多的細節來進入其中。問題的紛亂主要出於兩個因素:俄底普斯情境的三角性格,以及每一個人體質中的雙性傾向(bisexuality)。

以一種簡化形式來談男童的實例,可以描述如下。在非常早的時期,小男孩發展出對他母親的對象投注,其根源與母親的乳房相連,並成為依附型對象選擇的初型(prototype);[67] 這男孩

---

65 原註:也許比較安全的說法是「對雙親(的認同)」;因為一個小孩在達到確定的知識可用來區分性別差異之前,他還不算擁有陽具,也就無法分辨父親與母親的價值。我最近碰到一位年輕的已婚女性,她的故事顯示了她以前注意到自己沒有小雞雞,當時她以為不是所有的女人都缺了這東西,而是只有那些她認為比較卑下的女人才如此,而她仍認為她的母親擁有陽具。[參看〈幼兒的性器官組織〉(1923e)一文]——但為了化繁為簡,我只討論對父親的認同作用。
66 〔編註:參見《群體心理學》(1921c)第七章的開頭,SE, **18**, 105〕
67 〔編註:參見〈論自戀〉(1914c), SE, **14**, 87 ff〕

對付父親的方式則是將自己向他認同。在一段時間內，這兩種關係並肩而行，直到男孩對母親的性欲望強過對父親，而父親就被視為此欲望的障礙；這就是俄底普斯情結的起源。[68] 他向父親的認同從此染上敵對的色彩，並讓此欲望變為想要除掉父親以便取代他跟母親的關係位置。如此一來他和父親的關係就變得模稜兩可；而這種曖昧關係似乎從認同開始之初即已存在，並同時在此顯露出來。對父親的曖昧態度以及對母親獨鍾的對象關係，就構成了男孩之中單純而正向的俄底普斯情結內容。

沿著俄底普斯情結的瓦解，男孩向母親的對象投注就必須放棄。要填補這個位置可有兩種選項：或者跟母親認同，不然就加強跟父親的認同。我們習於將後一結果視為正常；這樣也會容許保留住跟母親適度的親密關係。俄底普斯情結以此方式崩解，[69] 將使得男孩性格中的雄性氣質更形堅固。正是以與此類同的方式，[70] 俄底普斯情結的後果在小女孩來說，也許是強化她跟母親的認同（或首度建立起這種認同作用）──其結果就會讓這小孩鎖定她的女性性格。

---

68 〔編註：參見《群體心理學》（1921C）〕
69 〔編註：參見一篇以此為標題的論文（1924d），在其中佛洛伊德對此問題做了更詳盡的討論。〕
70 〔編註：俄底普斯情結在女孩和男孩「正是以類同的方式」產生其後果，這個觀念在此後不久就被佛洛伊德放棄。參見〈性別之間的解剖學相異之處所產生的一些心理後果〉（1925j）。〕譯註：談到俄底普斯情結，必須看清這個情結的緣起及其後果，即必然的崩解過程，不管在男孩或女孩。這種週期起伏是個「發展」的概念，也使得這個情結不會以靜態的方式存在──除非固著下來，即停滯而成病理狀態。

這些認同作用並非我們原先的預料〔先前的說明中未及於此〕，因為此作用並未將放棄的對象引入「我」；但這種替代的後果仍有可能發生，且是在女孩身上比男孩更容易發現。分析工作很常顯現出小女孩，在放棄父親做為愛對象之後，曾把她的雄性氣質在跟父親認同中凸顯出來（也就是說，認同已失去的對象），而不是跟母親認同。當然這還有賴於她的性格傾向中的雄性氣質——不論其內容為何——是否夠強。

　　因此，看起來，無論男女，其男性氣質與女性氣質的相對強度乃是俄底普斯處境後來會朝父親或母親認同的決定因素。這是雙性特質在俄底普斯情結後來的興衰起伏上有其一手的方式之一。另一種方式其實更重要。因為我們會得到一種印象，即那種單純的俄底普斯情結並非最常見的形式，只不過代表了它的一種簡化或定版化，其實只是為了實務之便才說成那樣。更仔細的研究通常會顯示更完整的俄底普斯情結，亦即是雙重的，有正有負，而這是因為幼兒原本就秉具的雙性氣質使然：也就是說，一個男孩不只是對父親有模稜兩可的態度，對母親有親愛的對象選擇態度，而是他同時也像女孩一樣，對父親表現親愛的女性態度，以及對母親有與此對稱的嫉妒和敵意態度。就是由這種雙性氣質引進來的複雜因素使得關於最初的對象選擇及認同作用的事實很難得出一幅清晰的圖像，而要把它描述得平白易懂就更加困難了。這種顯現於父母關係的模稜兩可狀態甚至可能該完全歸因於人的雙性氣質，而不是如我在上文所示的那樣，即透過認同作

33

1 「我」與「它」 | 79

用而發展出來的情敵關係之後果。[71]

依我看來，整套俄底普斯情結不但可認定其存在於一般情況，當我們所關切的是神經症時，還特別適用。接下來，分析的經驗就會呈現出，在許多個案中，某一兩個元素消失了，乃至只留下一些漫漶的殘蹟；於是其結果就呈現為一系列正常且正向的俄底普斯情結在一端，另一端就是逆轉的負向俄底普斯情結，而在此兩端之間乃是許多完整形式，只是有點偏重此端或彼端而已。在俄底普斯情結崩解的時期，其中包含的四種傾向就會聚在一起而產生出一套父親認同（father-identification）與一套母親認同（mother-identification）。父親認同會保留住跟母親的對象關係，而此乃屬於正向的情結，同時也以此取代跟父親的對象關係，也就是逆轉過來的負向情結；依此類推，同樣的情形也發生在母親認同上。在任何一個人身上，兩種認同作用的相對強度就會反映出兩種性傾向中哪一種較具有優勢。

由俄底普斯情結所支配的性發展階段，其廣泛的總體結果，因此可以視為「我」形成的前兆，其中包括這兩種認同作用以某種方式互相統合。「我」的這種修正保留住其特殊的地位；它會

---

71 〔編註：佛洛伊德相信雙性氣質之重要性，可追溯到很早的時期。譬如，在初版的《性學三論》（1905d）中，他寫道：「如果不把雙性氣質納入說明，我認為那就非常不可能對於性在真實男女身上的顯現達成理解。」（SE, 7, 220.）然而在更早，我們還可發現他致函給弗利斯（是他對此議題的產生有極大的影響），幾乎可看到本段文字的先兆（Freud, 1950a, Letter 113, of August 1, 1899）：「雙性氣質！我肯定你是對的。而我正在習慣這種看法，即每一個性行為都是發生在四個人之間的事件。」〕譯註：四個人之間，也就是兩組雙性之間，2×2=4，這是簡單的算術，不會錯。

用來面對「我」的另外部分,亦即「我理想」或「超我」。

不過,「超我」就不僅是「它」最初對象選擇的殘餘;那也代表了一種能量十足的反向形成(reaction-formation),用來對抗那些選擇。它跟「我」的關係並未因如此的訓誡而說盡:「你**應該像這樣**(像你的父親)。」在其中還包含了如此的禁制:「你**不可以像這樣**(像你的父親)——也就是你不可以做他所做的所有事情;有些事情是他的特權。『我理想』中的這種雙重面向乃是導源於事實上『我』理想的任務在於壓抑俄底普斯情結;誠然,它就是由於要對付那種革命事件才之所以存在的。」顯然要壓抑俄底普斯情結本非易事。這孩子的雙親,尤其是父親,被視為實現其俄底普斯欲望的障礙;於是他的幼稚「我」要強化自己的方式就是在其自身之內豎立起同樣的障礙來進行壓抑的作用。它是借力使力在做這件事,可以這麼說,就是從父親那兒借力,而這樣的借貸可是非比尋常的一大筆債務。「超我」仍保留著父親的性格,然而俄底普斯情結愈是強大,它也會愈快屈從於壓抑的作用(譬如在權威、宗教教訓、學校學習之下),後來「超我」對於「我」的霸權也會愈趨嚴格——其形式乃是良心,也或許就是無意識的罪疚感。關於這種霸權能如此行使其威力的源頭,我現在就要給一項提議——即指陳其能將自身的形式顯現為一種範疇律令(categorical imperative)[72]的強迫性格,其源頭

---

72 譯註:「範疇律令」(categorical imperative)是來自康德的倫理學術語,也已經變成常用詞彙。要之,是指**行為的正當性自成一個範疇,其中包含此範疇內在必然的律令**,這就是「範疇律令」。有些翻譯作「無上律令」,是不

是從何而來。〔詳見下文,第IV部〕

假如我們對於上文曾經描述過的「超我」之源頭再做一次推敲,我們應可認出它乃是兩個極為重要的因素之後果,其一是生物性,另一則具有歷史性的本色:直言之,一個人在他的幼年時長期處於無助的依賴狀態,以及俄底普斯情結的事實,而對此的壓抑,我們已經顯示,是與力比多發展的受阻連在一起,這是在人的潛伏期,也就是性生活的雙相發軔(diphasic onset)[73]時期。[74] 根據精神分析的一個假設,[75] 即上文剛提過的現象中,看起來特屬於男人的,乃是來自冰河期以來的文化發展必然有的遺產。我們在此看到,「超我」從「我」之中分化出來,實非偶然;它代表了一種對於個體和對於物種的發展都屬最重要的特徵;其實就是把父母的影響變為永恆性的表現,也將此發源化作永遠存在的因素。

精神分析一直以來屢受責難,說是忽視了較為高級的,超過

必要的過度翻譯。
73 譯註:雙相發軔(diphasic onset)是指雙性氣質的同時開頭,如上文所述。
74 〔編註:在德文版中,此句寫為:「如果我們再度推敲我們對於『超我』的源頭所作的描述,我們當能認出它是兩個極為重要的生物因素之後果:也就是幼年時長期處於無助的依賴狀態,以及俄底普斯情結的事實,而我們對此已經表示過,是與力比多發展的受阻連在一起,這是在人的潛伏期,也就是性生活的雙相發軔時期。」上文與此有少許差異,但這是由佛洛伊德在1927年親自給英文翻譯者所下的指令。不知何故,這修改沒收在德文版中。〕
75 〔編註:這個假設的觀念是由斐倫齊(Ferenczi, 1913c)所述。佛洛伊德在《抑制、症狀與焦慮》(*Inhibitions, Symptoms and Anxiety*, 1926d, *SE*, **20**, 155)一文的第十章接近末尾處,似乎相當肯定地接受此論。〕

個體之上的道德本性。這樣的責難實為雙重的不公，非但就歷史而言，以及從方法論而言皆然。因為，首先，我們打從一開始就已把壓抑的功能歸於「我」在道德和美學傾向上的唆使，其次，還有對於精神分析研究極為籠統的排斥，認為它不能像哲學體系那樣生產出完整而現成的理論結構，反而要一步步沿著自己的路徑找出理解錯綜複雜的心靈之道，又在正常與不正常的現象中都劃出分析性的區分。反正只要我們所關切的研究是在人心中找出何以有壓抑，那就根本不需要一頭熱地栽入高級人性的問題當中去淌渾水。既然目前我們已經著手進行「我」的分析，對於那些道德感已受到震撼的人士，以及那些怨聲載道說在人之中一定該有高級本性者，我們已有辦法給個回答。我們可說：「非常正確，我們這兒就有那種高級本性，在『我』理想或在『超我』之中，那就是我們跟父母關係的代表。當我們幼小時，我們早已知道這些種種高級本性，我們對它們是又景仰又害怕；後來我們就把它們都納入我們自身之中了。」

因此「我理想」乃是俄底普斯情結的後裔，於是它就表現為最強勁的衝動以及「它」最重要的力比多起伏週期。在樹立起「我理想」之時，「我」已經能夠駕馭俄底普斯情結，同時將「我」置身於「它」的從屬者地位。「我」基本上是外部世界的代表者，代表的是現實，而「超我」則站在對立的位置，在內部世界中做為「它」的代表。[76] 在「我」與理想之間的衝突就

---

76 譯註：這裡所說的「代表」是指兩組對立關係：「我」→現實；「它」→

會（如我們正準備要發現的那樣）徹底反映出所謂真實（what is real）與所謂心靈（what is psychical）之間的對比，也就是外部世界與內部世界之間的對比。

　　透過理想的形成，生物條件與人類在「它」中創造並留置在那兒的週期起伏就被「我」所取代，並與其自身以二度經驗（re-experienced）而成為有人格的個體（as an individual）。[77] 由於「我理想」是以如此的方式形成，它乃得以讓每一個體跟種系發生的習得經驗間獲得最豐富的連結——連到遠古以來的遺產。原本屬於心理生活中最低階的部分，透過理想的形成而變化為價值尺度上最高階的人類心靈。不過，要想把「我理想」予以定位，就像我們把「我」定位那樣，[78] 或者利用任何類比，如同

「超我」。用的是很基本的邏輯：A → B，但這是理論上的設定，而非邏輯學上的給定。其中只有「內部／外部」的問題值得在此釐清：外部是指現實／「超我」，內部則是「我」／「它」。於是，佛洛伊德所謂的「代表」就顯現出「動力的意謂」和「描述的意謂」這兩者之間的關係：現實／「我」是可意識的描述，「超我」／「它」則屬無意識的動力。我們之所以能這麼說（即把無意識動力也描述出來），當然是因為精神分析使用了後設心理學的理論設定，在常人的意識中，後者並不存在。

[77] 譯註：「我」與其自身的「二度經驗」是指撤回的對象力比多向「我」投注，也就是「我」對「我」的關係，在經驗中屬於第二階序（second-ordered）的返身自指。譯者把原文 as an individual 譯為「成為有人格的個體」，加上了「人格」二字，比「成為個體」易解得多。

[78] 〔編註：依此而言，「超我」就不含在上文的圖示中。不過，到了較晚的圖示，如《精神分析新論》（1933a）的第 31 講，其中就有了「超我」的位置。〕譯註：較晚的圖示，雖不包含在本文的範圍，但值得注意的是「超我」在圖示中的定位方式，正如此處所言，或者是徒勞無功，不然就是相當奇異難解——它以一條特殊渠道從最上方跨越過中間的「我」，直通到最下

我們嘗試在「我」與「它」之間畫出圖示那樣，都會是徒勞無功的。

要顯示「我理想」對於任何期待中的人類高級本性是如何回應，這件事情不難。做為對父親的孺慕之情的替代物，它必定包含著所有宗教的進化中都會包含的菌株。其中的「我」判斷都宣稱「我」遠遠落後於理想，就是宗教中所生產的謙卑感，在每一位信徒的渴慕中表現。當孩子逐漸長大，父親的角色就轉由老師以及其他權威來實現；他們的指令與禁制在「我理想」中一樣強勁有力，並且以良心的形式繼續執行道德審查。在良心的要求與「我」的實際表現之間的張力，就被體驗為罪疚感。依託在與他人認同之上的社會情感，其基礎就是大家都具有共同的「我理想」。

宗教、道德與社會感——也就是人類中高階面向中的主要因素[79]——本來就是同一回事。根據我在《圖騰與禁忌》一書中的假設，它們都是在種系發生過程中由父親情結而取得：宗教與道德限制透過對俄底普斯情結本身的熟練駕馭，而社會感則透過對於年輕同輩之間必須克服的的情敵競爭關係。男性在這場道德的取得中似乎佔有領先的地位；然後他們似乎把這些經由交叉育種的關係傳遞給女性。直到今日，社會感在個體中仍都由兄弟姊妹間的情敵嫉妒衝動建立為上層結構的形式而得以興起。由於敵意

方的「它」。這問題必須解釋，詳見下文。
79 原註：我在此刻是把科學與藝術暫時擱在一旁。

無法獲得滿足，情敵之間的認同作用就發展出來。對於輕度同性戀的研究也肯定了此案例中產生的懷疑，亦即認同乃是帶有情誼關係的對象選擇之替代物，它所取代的正是攻擊性與敵意的態度。[80]

無論如何，既然提到種系發生史，嶄新的問題就會出現，你在此會很謹慎地回頭觀望。但是，你由不得要做做嘗試——縱然會戒慎恐懼，怕它會讓我們所有的努力都化作滿坑的不足。問題是這樣：究竟是哪個，是原始人的「我」，或他的「它」，在那些早期的日子裡即從父親情結中獲得了宗教與道德？如果是他的「我」，為什麼我們不能簡單說這些東西都是由「我」承襲而來？如果是「它」，為何它會與「它」的性格近似？或者是我們犯了錯誤，誤將「我」、「超我」、「它」的分化帶進這麼早的時期？又或者我們早該如此坦承：關於「我」之中的過程這整套想法，如果對於理解種系發生無助的話，就不該運用進來？

讓我們先來回答最容易回答的問題。在「我」與「它」之間的分化必須歸因於不只是原始人，而甚至要推到更為簡單的有機體，因為其中無可避免地表現出外部世界的影響。「超我」，根據我們的假設，實際上源自我們會導出圖騰信仰的那些體驗。那究竟是「我」或「它」在體驗這些東西？——這樣的問題很快就會自動煙消霧散。我們對此立即的反思會看出外部的起起伏伏不可能經由「它」來體驗或遭逢，除非是經由「我」——「我」才

---

80 原註：參看《群體心理學》（1921c）[SE, 18, 120] 以及〈在嫉妒、妄想症與同性戀中的一些神經症機制〉（1922b）[SE, 231]。

是「它」要跟外部世界接觸時的代表者。然而，不可能說「我」有什麼直接的承襲。我們至此方知一個實際的個體跟一個物種的概念之間的鴻溝會如此明顯。更何況，你一定不要把「我」與「它」之間的差異看作截然可分，也不可忘記「我」乃是從「它」之中經由特殊分化而出來的一部分。〔見上文（頁69-70）〕「我」的種種體驗乍看之下在承襲之中不見了；但當那些體驗重複夠多次，且有充分的力道放在許多個體的連續數個世代上，它們就可謂讓自身轉變成為「它」的體驗，且有能力成為遺傳，即澱泊的殘留，存在為無數個「我」；而當「我」從「它」之中形成「超我」之時，它也可能只是先前的「我」之復活的形式，因而可將之帶向重生。

「超我」出現的方式正好解釋了「我」的早期與「它」的對象投注之間的衝突，可以持續成為與其後代（即「超我」）的衝突，如果「我」未曾有效地駕馭俄底普斯情結，則後者，即從「它」中彈出而成為強力的投注者，就會再度透過「我理想」的反向形成而得以啟動。在理想與這些 **Ucs.** 的驅力衝動之間大量的溝通就為此解開了謎底：理想的本身如何會維持著高度的無意識，且為「我」所不能及。那場曾經在心靈最深層中激烈的鬥爭，也未曾因快速的昇華與認同而終止，如今就在高層中持續下來，正如考爾巴赫（Kaulbach）的畫作《匈奴之戰》（Battle of the Huns）那樣。[81]

---

[81] 〔編註：這場戰事，即知名的夏隆之戰（Battle of Châlons），在紀元451

IV. 驅力的兩種類別

我們已經談過:假若我們把心靈分化為「它」、「我」、「超我」,就代表我們的知識是在進步,那麼,這應能讓我們更全面地理解心靈中的動力關係,也能讓我們作出更清晰的描述。我們也已經結論道 [見頁 69-70]:「我」特別會在感知的影響之下,以及,更廣義言之也許可說,感知對於「我」所具有之同樣意義,正如驅力之於「它」。就在這同時,「我」也依隨於驅力的影響,跟「它」一樣,就我們所知,「我」本身是什麼,那就只是經過特別修飾的一部分罷了。

我最近發展出一套關於驅力的觀點,[82] 我在此要將它維持,並且拿來當作進一步討論的基礎。根據此一觀點,我們必須分別出兩類的驅力,其中之一是性驅力,或稱愛若斯,乃是到目前比較明顯也比較容易被研究所觸及的。其中包含的不只是未受抑制的性驅力本身,以及從其中衍生而來,但目的已受到抑制,或已經昇華的本性;另還有自我維護的驅力,這就必須分派給

年,匈奴阿提拉大帝的軍隊被羅馬與西哥德聯軍擊敗。考爾巴赫(Wilhelm von Kaulbach 1805-1874)用此題材來畫壁畫,最初是為柏林的新博物館所作。其中已死的戰士被畫家畫成還在戰場上空的戰事中繼續作戰,這主題所呼應的一則傳說,可以上溯到第五世紀的新柏拉圖主義者,達馬西俄斯(Damascius)。〕譯註:考爾巴赫的《匈奴之戰》中,是戰場上已死的戰士在為天空中的戰事而持續作戰,也就是高層的戰事被底層持續下來,這畫面正好和佛洛伊德的說法相反。但我們也可以把地上的死者之戰視為真實的戰場,因此天空中的戰事就是其「理想的(觀念的)代表」。

[82] 原註:《超越快感原則》(1920g)。

「我」，而從我們的分析工作之始，我們就有了很好的理由將它跟性的對象驅力做個對比。這第二類的驅力並不容易指出；只是到了最終，我們認出它的代表者是虐待狂。在理論考量的基礎上，輔以生物學，我們推出了死驅力的假設，其任務乃是要引導有機的生命回到無生命狀態；在另一方面，我們假定愛若斯由於能把廣泛衍生的各個生命分子結合起來，它的目的乃指向複雜的生命，而在此同時，當然也指向維護這個生命。以此方式來行動，兩類驅力以最嚴格的意義來說，都會是保守的，因為兩者都在努力重建事物被生命萌發而擾亂的狀態。生命的萌發因此而成為生命持續的原因，而同時它也在奮力奔赴死亡；生命本身就成為這兩股趨勢之間的衝突與妥協。關於生命起源的問題只能停留在宇宙論的階段之中；而生命目的何在的問題，就需以二元論來回答了（answered dualistically）。[83]

在此觀點上，有一種特殊的生理過程（合成代謝或分解代謝）就會分別聯繫到這兩類驅力中；兩種驅力在每一個生命分子當中都會是積極的成分，雖然並不均等，由此某些成分會成為愛若斯之中的主要代表。

這個假設對於兩類驅力如何能夠攪拌、融化，以及合成為一種合金的方式上，並沒有射出任何曙光；然而要經常把這樣的假定拿出來，且密集地運用它，在我們的想法當中是無法避免的。

---

83 譯註：二元論的回答也就是：生命的目的必須同時以性驅力和死驅力這兩股相反的趨勢來回答。

看起來很顯然地，做為單細胞有機體結合成為多細胞生命形式的結果，單一細胞的死本能可以成功地成為中立者，而破壞衝動也就可以透過一種特殊器官的工具性而散布到外部世界。這個特殊器官似乎是個有肌力的裝置；而死本能表達其自身的方式——雖然可能只是局部——乃是一種破壞的本能，與外部世界及其他的有機體為敵。[84]

既然我們已承認這個想法，即兩類驅力會相互融合（fusion），則一種可能性——即或多或少完成的——「解融合」（defusion）就會闖入我們的腦袋。[85] 在性驅力之中的虐待狂成分就是個經典範例，可用來說明驅力融合；而虐待狂能自行獨立為一種泛轉（perversion），[86] 就是一種典型的解融合，雖然不算是執行到最極端的一種。從這一點當中，我們得到一種相當寬廣事實的觀點，但它從未以這樣的投光來進行推敲。我們能感知的是：為了釋放的緣故，破壞的驅力會很習慣地被帶入愛若斯的股掌之間；我們懷疑癲癇的發作乃是驅力解融合的一種產物及指標；[87] 並且我們由茲而得以理解：驅力的解融合以及死驅力顯著的萌發就會針對某些重度神經症的種種效應對我們召喚出特殊的推敲。我們也許可做出一個順此而來的概括，且由此推測道：

84　〔編註：佛洛伊德在〈受虐狂的經濟論問題〉一文回到這點。〕
85　〔編註：以下關於虐待狂的說明，在《超越快感原則》一書中已有暗示。〕
86　譯註：perversion/inversion 這組詞彙在譯者所做的所有翻譯中都放棄了舊譯的「變態／倒錯」而改譯為更精準的「泛轉／逆轉」。
87　〔編註：參閱佛洛伊德較晚的一篇文章，論杜斯妥也夫斯基的癲癇發作（1928b）。〕

力比多退行的本質（譬如：從性器階段退行到虐待-肛門階段）就在於驅力的解融合，正如，相反地，從較早階段上升到真正的性器期，就會是由獲得情慾成分所提供的條件使然。[88] 問題也會這樣呈現：普通的模稜兩可，對於神經症來說，其體質上的傾向通常是極為強烈，這就不應視之為解融合的產物；不過，模稜兩可本來就是基本的現象，因此它比較可能代表的乃是驅力的融合，只是尚未完成而已。

我們很自然地應該把興趣轉個方向，去探討在我們所設定的結構之間是否有值得追索的關聯——一方面是在「我」、「超我」以及「它」之間——另方面則在兩類驅力之間；更有甚者，是否在支配著心靈歷程的享樂原則中可看出任何恆常的關係，一則是與兩類的驅力，再則是與我們在心靈中所做的分割。但在我們進行這項討論之前，我們必須先把一個疑問清除，就是關於問題本身在提出時所用的條件。誠然，在享樂原則上這不會有疑問，而在「我」之內的分割也有臨床上的充分理由；但在兩類驅力之間的區分，似乎難有足夠的肯定，在臨床分析中發現的事實，也有可能把這種故作姿態予以排除不用。

這樣的事實顯然是有的。對於兩類驅力之間的對立，我們也許可舉出一種兩極性，就是愛與恨。[89] 要在愛若斯當中找到其

---

88 〔編註：佛洛伊德重回到這點，是在《抑制、症狀與焦慮》一文（1926d, *SE*, **20**, 114）。〕
89 〔編註：在此以下的討論，可參看較早談及愛恨之間的關係：〈驅力及其週期興衰〉（1915c），也有較晚的，在《文明及其不滿》（1930a）當中的第

代表並不困難;但我們必須心存感恩,就是在破壞驅力中發現了足以代表那難以捉摸的死驅力,而恨就是指向此途。現在,臨床觀察所顯現的,不只是愛會以未曾料到的規則性伴隨著恨(此即愛恨模稜兩可的關係),且在人類關係中,不只是恨經常先行於愛,在很多情況下,更常見的是恨會轉為愛,而愛轉為恨。如果這種轉換不只是在時間上的連續——也就是說,如果其中之一實際上會轉成另一——那麼,很顯然,在此基礎之下如此根本的區別就必須廢除,亦即原先預設了情色驅力與死驅力,兩者之間應是反向而行的生理歷程才對。

既然某人對於同一個人先愛後恨(或是倒反過來),因為那個人給了他如此的理由,現在對我們的問題來說,顯然是沒關係了。在另一種情況下亦然,即其中的愛之情尚未顯現之前,就先以敵意與攻擊性傾向來開始;因為很可能在對象投注當中的破壞性成分已經跑在前頭,到了後來才有情色之意加入。但我們在神經症心理學中知道好幾個案例,其中更可行的假設是兩者間發生了轉換。在迫害妄想症(paranoia persecutoria)之中,患者對於某一特定人物以特殊方式摒除了過度強烈的同性戀依附關係;結果他所最愛的此人變成了一個迫害者,於是患者經常會對他以危險的攻擊性待之。我們在此有權把一個先前由愛轉恨的階段添寫進來。在同性戀的初始狀態中,同時也是去除性愛的社會情感中,精神分析的探究直到最近才教會我們辨識該暴戾的情敵之感

五、第六兩章。〕

已經存在，後來才導入攻擊傾向，且只在此之後，才把先前所恨的對象套成愛的對象，或是興起了認同作用。[90] 問題在此出現：在這些案例中是否可以認定恨會直接轉換為愛？很顯然其中的變化純粹是內部的，跟對象的行為改變完全無關。

然而，有另一種可能的機制，我們是透過對於妄想症有關的變化過程做了分析探究而得知。打從一開始就發現有模稜兩可的態度，其轉化是透過投注的反動置換而然，即其能量從情慾的衝動中抽離，而加諸於敵對的衝動。

不太算是同一回事，但與此相似的事情發生在通往同性戀的情敵關係受到克服之時。敵對的態度沒有滿足的前途；其結果——亦即就其經濟的理由而言——就由愛的態度取代，因為其中才可有滿足的展望——也就是說，有能量釋放可能。於是可見，我們並非在這類案例中被迫假定恨會直接轉化為愛，因為那就會跟兩類驅力之間的質性區別不能相容。

不過，我們會注意到，在引介這套愛轉變為恨的新機制之時，我們已經暗地裡做出了另一個假定，現在值得將它公開說出來。我們是認為在心中——不論是在「我」或在「它」之中——有**可置換的**（displaceable [verschiebbaren]）能量存在，是為它**自身所不在乎**（indifferent, Indifferenz），[91] 因而可以外加到性質

---

90 原註：同 [p. 37] 註 3。（譯註：參看《群體心理學》（1921c）。）
91 【Indifferenz，此詞在此以及在下文中被 SE 譯為「中性」（neutral），其德文實為「不在乎」（沒興趣、不關切）的意思。所謂「中性的能量」在後來的自我心理學（ego psychology）中被廣泛使用時，又是不太一樣的意思。】

上已經分化的情慾衝動或破壞衝動上,並使投注的總量增大。假若這種可置換的能量不存在,我們就會前途無路。唯一的問題在於:它究竟來自何處?它的歸屬何在?以及它顯示了什麼意義?

關於驅力衝動性質的問題,及其在整個起伏興衰週期中的持續不變,至今仍是非常模糊,也幾乎未受攻擊。在驅力中的性成分,特別容易為觀察所及,在此就有可能感知其中一些過程會落在我們目前討論的範疇中。譬如,我們看得見某程度的溝通存在於驅力的成分之間,即源起於某一特殊性感帶的驅力,經過強化後可以增強起於其他源頭的驅力;而一種驅力的滿足也可以取代另一驅力的滿足,還有更多與此本質相類的事實——這些等等定能鼓舞我們做出某些大膽的假設。

更且,在目前的討論中,我只意在進行一項假設,無法提供任何證明。看來其中可取的觀點乃是:此一可置換以及本身不在乎的能量,在「我」與「它」當中無疑都是活躍的,來自力比多的自戀庫存——亦即去性化的愛若斯。(情慾的驅力顯然都比較有可塑性,比破壞驅力更容易改道和置換。)由此我們也就易於接著假定:這種可置換的力比多是用來為快感原則服務,以排除障礙及有助於釋放。在此關聯中就很容易觀察到在此釋放途徑中發生了某種的不關切(disinterest [Gleichgültigkeit]),只要它以某種方式發生的話。我們可以知道這種特質的;那就是在「它」

實際上佛洛伊德早在〈論自戀〉(1914c)一文中即用到此詞及其整套觀念。SE 在該處很正確地把它譯為 indifferent。】

之中投注的特色。那是在情慾投注中發現的，其中在跟對象的關聯中有某種怪怪的不關切顯現出來；而它特別的明證就在於分析中出現的傳移（transferences [Übertragungen]），其發展是完全不顧這個做為對象的是什麼人。不久之前，蠻克（1913c）出版了一些好例子，顯示出神經症的報復行為可以導向不對的人。這種行為讓人想起一個通俗劇故事，有三個鄉下的裁縫師，其中有一個必須接受絞刑，因為村子裡唯一的一個鐵匠犯了死刑罪。[92] 懲罰必須執行，就算沒落在犯罪者身上。在這案情中，對象被委派到低於次要的地位，正如我們口前的討論中說那只是一條釋放的途徑。若論及「我」的特色，則對於對象和釋放途徑的選擇都一定會更加明確。

若果這個可置換的能量就是去性化的力比多，那也就可能可能稱之為昇華的能量；因為其中仍可能保持愛若斯的主要目的——即統一與結合——只要那是有助於建立統一，或傾向於統一，而那才是「我」的鮮明特色。假若思想歷程以其廣義而言可包含在這種置換中，則思維的活動也就是由情慾驅力中的昇華來提供力量了。[93]

到此，我們再度抵達先前已經討論到的可能性，即昇華可能

92　〔編註：這是佛洛伊德在他論諧謔（笑話）的書中（1905c. *SE*, **8**, 206）最後一章，以及《精神分析導論》第 XI 講（1916-17a）, *SE*, **15**, 174-5 所說的故事。〕
93　譯註：原文 [Triebkraft] 在 *RSE* 中改譯為 driving forces（驅力的力量），但在此為了行文中避免重複，拉開了「驅力／力量」的距離。

透過「我」的中介而如常規般起作用。另一種狀況乃是經由回憶,「我」在面對「它」的首度對象投注中,奪取了其中的力比多來為己用,且將此結合為認同作用,而產生了「我」的改變。這種從〔情慾力比多〕到「我」的力比多之轉變中當然包含了性目的的放棄,即去性化作用。無論如何,這就為「我」和愛若斯之間關係的重要功能投下一線曙光。由於這樣從對象投注中抓住了力比多,將此本身設定為唯一的情愛對象,並將此來自「它」的力比多予以去性化或使之昇華,「我」才會在愛若斯目的的對立面起作用,使自身服務於對立的驅力衝動。那也就必須默許另外一些來自「它」的對象投注,也就是說,必須加入它們。我們將在下文再回來談談「我」的這種活動可能產生的其他後果。

當我們能夠把驅力衝動倒溯回去時,我們一次又一次發現,它們會暴露出源出於愛若斯的身分。設若不是為了在《超越快感原則》一書中揭示的考量,以及最終為了黏在愛若斯身上的虐待狂的成分之故,我們在持有我們的二元論觀點上應該會頗有難度。[94] 但我們既然無法避免該觀點,我們就被迫結論道:死亡驅力在其本身就是個啞巴,而生命的喧嘩大部分都發自愛若斯。[95]

然後是發自對抗愛若斯的鬥爭!我們很難懷疑快感原則做

---

94 【佛洛伊德對於驅力所堅持的二元論分類法可見於他在《超越快感原則》第四章末的一段長註中（1920g, *SE*, **18**, 460-1）,以及在〈驅力及其興衰〉（1915c）的編註中（*SE*, **14**, 113-16）】

95 原註:事實上,以我們的觀點而言,是透過愛若斯的行事者使得導向外部世界的破壞性驅力被帶到偏離自我（the self）。

為「它」的指南針指導它對力比多的鬥爭——這股力量把困擾引入生命歷程。誠然，是費希納的守恆原則（Fechner's principle of constancy）[96] 在統轄生命，由此才包含其不斷地下降至於死亡，然而由於愛若斯對於性驅力的宣稱，以其驅力的需求把持住了下降的水平，並引入新鮮的張力。就是由快感原則所引導的「它」——亦即由於對苦的感知——才能以種種方式擋開這些張力。其所以能夠如此，首先就是盡可能順暢地妥協於非去性化力比多的要求——即經由努力滿足直接的性趨勢。但是它如此作法是以遠比一般統攝性更甚的方式來與特殊的滿足關聯，在其中其實所有的要求成分都匯合在一起了——經由釋放性的實質物（sexual substances），而這可說是情慾張力的飽和載具。[97] 在性交中射出性的實質物可在某種意義上相應於身體與其細胞原質的分離。這就可說明在完全的性滿足之後的情況跟死亡的相似性，[98] 以及事實上在較低等動物中，交合行為的後果就等於死亡。這些生物在繁殖行為中死亡，因為當愛若斯在滿足的過程中被排除之後，死亡驅力正可在此上下其手以完成其目的。最後，如我們所見，「我」為其自身及其目的而昇華之時，乃由茲而輔助了「它」對於張力所要宰制的工作。

---

96 〔編註：參閱《超越快感原則》（1920g, SE, **18**, 8-10）〕
97 〔編註：佛洛伊德對於「性的實質物」所扮演的角色有其觀點，可在《性學三論》（1905a, SE, **7**, 212-16）看見。〕譯註：根據下文，可知這實質物的釋放就是指性交中排出的黏液，特別指男性的射精。
98 譯註：性高潮之後的情況常被形容為「銷魂蝕骨」、「欲仙欲死」，即此之謂。

V. 「我」的種種依賴性關係

我們所討論的題材具有複雜性，也必定會成為眼前事實的藉口，即本書每一節的標題與實際的內容都不盡然相符，因此每當轉往話題的新面向時，我們就得經常回顧一下我們已經處理過哪些事情。

於是我們就會一再重複說：「我」在很高程度上是經由認同而起作用，亦即取代了「它」所放棄的投注；而這些認同中最先的一項總是以「我」之中的特殊行事者（agency）來自居，並且會以「超我」的形式站在「我」之外，到後來，當它益發壯大時，「我」就會對於這種認同的影響力愈加阻抗。「超我」的特殊位置是拜「我」之賜而來，或說它跟「我」的關係中有一項因素必須從兩方面來加以推敲：一方面它乃是首度發生的認同，而它所寄託的「我」仍然弱小；另方面，它是俄底普斯情結的後裔，因此就會為「我」導出一些最具質量的對象（the most momentous objects）。「超我」跟「我」的後來變化有一種關係，即兒童早期性發展所達到的階段跟青春期之後的性生活約略相等。雖然在所有後來的影響中都能發生作用，然而它在一生中仍維持著一種衍生自父親情結的性格——也就是說，能夠與「我」分立，以及能夠自行掌控的能力。「我」在此乃是對於先前脆弱性與依賴的記憶，而成熟的「我」也依然持續受其支配。孩子既然過去一直強迫遵從他的父母，於是成熟後的「我」也會持續屈從於「超我」的無上律令。

但「超我」乃是由「它」首度的對象投注衍生而來，也就是來自俄底普斯情結，這就會顯出它對其所賴可能還有更多。這樣的衍生，正如我們已經表示過，會把它帶向「它」從種系發生系統中所取得的關係，並且會由茲創造出先前「我」結構的重生，而這些是早先就預留在「它」後面的。於是「超我」永遠都是貼近於「它」，並且可以在直面著「我」時，以「它」的代表來現身。它直接深入於「它」之中，以此之故，比起「我」來，它要更遠離意識。[99]

透過一些臨床事實，我們最好能來辨識這些關係，雖然它們早已失去了新鮮感，但它們還在等著理論上的討論。

有某些人在分析工作之中會表現出相當奇特的行為。當你語帶希望地告訴他們，或向他們表示療程中有令人滿意的進步時，他們會露出不滿的表情，而他們的狀況也就都會變得更糟。你這就會開始將此看成他們的藐視，且是在試圖證明自己比醫師更為優越，但後來你會對此採取更深一層也更公允的看法。你會相信，這種人不只是不能承受任何讚賞，他們甚至對療程的進步採取迴向的反應。每一項應當能夠產生改善，或在其他人身上確實會產生暫時懸宕症狀的局部解決，在當時只會使他們的病況惡化；分析處遇讓他們變壞而不是變好。他們展現的就是所謂的「負面治療反應」（'negative therapeutic reaction'）。

---

[99] 原註：也許可說，精神分析的，或後設心理學的「我」，是以頭對頭的方式插在身體上，不遑多讓於解剖學上的「我」——即「皮質層裡的小人」（'cortical homunculus'）。譯註：參見上文「收聽帽」的說明。

毫無疑問，在這些人之中有某種東西在設定自身來對抗康復，使他害怕此途徑，好似那會步入一個險境。我們很習慣會說，他們對疾病的需要比起康復的欲望要得到更優先的順序。如果我們對此阻抗用尋常的方式去分析——那麼，就算我們允許他對醫師的藐視態度，以及種種不利於病況的固著形式，他的大部分狀態仍然沒受到照顧；而這就顯示其自身對於康復乃是最強力的障礙，強過我們所熟知的自戀式隔絕，亦即對醫師的負面態度，並且死抓著不利於康復的因素。

最終，我們就會看到我們正在處理的，也許可稱為「道德的」因素，一種罪疚感，在疾病當中尋求滿足，拒絕放棄受苦的懲罰。我們應該把這種令人心痛的解釋視為結論。然而，就患者而論，這種罪疚感是既聾又啞的；不告訴他有什麼罪疚；他無法感到罪疚，只會感到自己有病。這種罪疚感把自身表現為對康復的阻抗，是極為不易克服的。此外還特別困難的是說服患者，說他的動機就藏在他的久病不癒之中；他緊握著的是對他更容易明白的解釋，亦即分析的處遇對他的病情而言並非正確的救濟。[100]

---

[100] 原註：這個關於無意識罪疚感的障礙之鬥爭，在分析師手上並未變得簡單。要想直接或間接反對它，本就無路可走，只能將它受無意識壓抑之根源的面具以緩慢的程序逐一剝下，從而能逐漸將它改變為可意識到的罪疚感。當這種屬於 Ucs. 的罪疚感是屬於「借來的」那種時，分析師就有特別的機會可來影響它——即當它是向別人認同而來的產物時，而那人曾經是情慾投注的對象。由這種方式接收而來的罪疚感經常是過去放棄的情愛關係唯一存留的蹤跡，且根本不易如此辨認。（此一過程與憂鬱症當中所發生之事，彼此間有不會錯的相似性。這個躲在 Ucs. 後面的罪疚感，如果分析師可將其先前對象投注的面具剝下，則此療效就會很精彩，但若非如此，則分析所付出的

我們所作的以上描述可以運用到這類事態的最極端案例，但只要稍減幾分，此一因素就必定可在很多個案中認出來，也許在相對嚴重的所有神經症個案中皆然。事實上，很可能恰恰是此一因素在某情境中，其「我理想」（the ego ideal）的態度，會決定神經症的病態嚴重性。因此，我們不應猶豫來就此做個更完整的討論，談談罪疚感在各種不同條件下會如何將它自己表現出來。

對於正常的、可意識到的罪疚感（即良心）要呈現出來不會有困難；也就是基於「我」與「我理想」之間的張力，以及「我」透過其批判的審查者所表現的譴責。在神經症裡盡人皆知的自卑感，也許就離它不遠。罪疚感有兩點非常熟知的弊病會被患者過度強烈地意識到；在其中「我理想」顯現出特別的嚴厲，乃至經常以殘酷的方式向「我」暴怒以對。「我理想」的態度，在頑念神經症、以及憂鬱症這兩種情況下，雖會呈現平行的相似

努力會得出什麼結果，就根本無從確定。基本上需要仰賴的是罪疚感的強度；在治療中經常不會發現同等強度的力量對它起著反作用，以致治療師不能用來做為對治之力。這或許也使仰賴分析師的人格是否能允許患者用他來取代其「我」理想，這就包含著一種對分析師的誘惑，要讓他扮演先知的角色，也就是扮演患者的救世主。由於精神分析的規則當頭就反對醫師以任何類此的方式來運用其人格，在此我們就必須坦承分析的療效中就另有其限制；總之，分析之道的前提並非要讓病理反應不可能發生，而是要讓患者的「我」**能夠**自由決定何去何從。──〔編註：佛洛伊德在他的文章〈受虐症的經濟論難題〉（1924c, p. 166 以下）回到此論題，在其中他討論到無意識罪疚感與道德受虐症之間的不同。另可參閱《文明及其不滿》（1930a）的第七、第八兩章。〕

之處,然而它們之間的差異卻不會因此而變得較不顯著。

罪疚感在某些頑念神經症形式上是一直吵嚷不休的,但那也不能使它對於「我」變得更加合理。結果患者的「我」會反抗罪疚的譴責,而去向醫師尋求支持以便否認它。但若對此予以默許,那就是蠢事一樁,因為這麼做根本不會有任何效果。分析最終會顯示「超我」正受到我們對「我」所不知的歷程影響。有可能發現受壓抑的衝動才是真正藏在罪疚感底下的東西。因此在這處境中,「超我」對於無意識的「它」,要比「我」知道得多了。

在憂鬱症中,會得出一個印象,即「超我」對意識獲得的掌控權變得益發強大。但「我」在此不敢反對;它承認有罪且接受懲罰。我們瞭解其間有差異。在頑念神經症中,我們的問題在於那些很該反對的衝動[101]都停留在「我」以外,然而在憂鬱症中,「超我」之怒所指向的對象則已經被納入「我」之中,其途徑是通過認同作用。

我們當然還不清楚為何罪疚感在這兩種神經症中會達到如此不同凡響的力度;但這等事態當中主要的問題其實是在另一個方向上。我們應當延緩討論,除非我們已經處理好罪疚感仍處於無意識狀態的其他案情。

這類案情基本上是在歇斯底里症之下的歇斯底里類狀態中可

---

101 譯註:在頑念神經症中「很該反對的衝動」(objectionable impulses)換用更容易理解的說法,就是患者自己最討厭的念頭或行動的意願。

以找到。在此，罪疚感停留在無意識內的機制就很容易發現。歇斯底里的「我」把令人煩惱的感知擋開，在此感知到「超我」的批評會對「我」造成威脅，以此同樣的方式就是習慣於擋開不能忍受的對象投注——這動作就是壓抑。因此，對於罪疚感之停留在無意識中，該負責的就是「我」。我們知道這樣的法則，即「我」執行壓抑以便為「超我」的要求而服務；但在這情況下，「我」就會使用同樣的武器掉過頭來攻擊它的嚴厲工頭。就我們所知，在頑念神經症中，最為強勢的現象就是反向形成；但在此〔在歇斯底里症中〕「我」能夠成功做到的僅只是對於罪疚感所涉及的材料保持距離而已。

你可儘管進一步大膽聲稱這個假設，即罪疚感的一大部分在正常情況下必定是停留在無意識中，因為良心的起源和俄底普斯情結有緊密的牽連，而此情結屬於無意識。若有任何人會偏向於那個弔詭的命題，說正常人不只還比他自己所相信的要更為不道德，同時也比自己所知要更有道德，那麼，精神分析以其發現就會肯定前半段，但對後半段定會反對。[102]

很令人驚奇的是發現 Ucs. 的罪疚感有所增加時，會使人變成罪犯。但這無疑是事實。在很多罪犯中，尤其是年輕犯，很可能偵測到強烈的罪疚感在犯罪之前就已存在，因此那就不是其後果而是其動機。能把罪疚感跟真實而切身的東西綁在一塊，就好

---

[102] 原註：這個命題顯然是個弔詭；它只是在說：人類本性的兩極端，不論向善或向惡，都比他所想的要更遠些——也就是比他的「我」透過意識所能感知的要更遠。

像可以讓他鬆一口氣的樣子。[103]

在所有這些情境中,「超我」展現出其獨立於意識「我」之外,以及其密切關連於無意識的「它」。現在,既然關切過其中的一種重要性,就是先前已將它歸屬於前意識的語言殘留,問題就來了:「超我」到目前為止,包含在這樣的語言呈象(word-presentations)之中,屬於 Ucs.,這是否為真?若果不然,那它還包含在別處嗎?我們暫作的回答應是說:對於「超我」與對於「我」一樣不可能的,就是否認其起源來自聽到的事物:因為**那就是**「我」的一部分,並且它能經由意識所觸及的,就一直是透過這些語言呈象(種種概念與抽象物)。但是**投注的能量**要能伸展到「超我」的這些內容中並不是透過聽的感知(教導或閱讀),而是透過「它」之中的來源。

我們所停止回答的問題是這樣的:為何「超我」顯現其自身的方式主要是罪疚感(或說,以批評的方式——因為罪疚感乃是在「我」之中以感知來回應此等的批評),甚且發展出這般不尋常的嚴厲與苛酷來對待「我」?如果我們先轉到憂鬱症,我們就會發現這樣強烈的「超我」,它對於意識所獲致的掌控,乃是一種對於「我」的憤怒,其中帶有無情的暴力,宛若它已經取得了這個人所能用得到的全部虐待狂。延續我們對於虐待狂的觀點,我們應該說:其破壞性成分已將其自身鞏固在「超我」之中,並

---

103 〔編註:完整的討論(包括一些其他的參考文獻)可在佛洛伊德的一篇論文〈某些性格類型〉(1916d)的第三部分找到。(*SE* **14**, 332-3)〕

且轉而與「我」對立。現在「超我」之中的當道者,有如一套純粹死亡驅力的文化,[104] 且事實上常足以成功地將「我」驅策向死亡,假若「我」不能即時以轉化為狂躁症的方式來抵擋這個暴君的話。

在某些頑念神經症中,良心的譴責既令人苦惱也很折磨人,但在此處境中是較為不明顯的。值得注意的是頑念神經症,相對於憂鬱症而言,事實上從未走上自毀的一步;好像他對於自殺的危險獲有免疫;並且也比歇斯底里症獲得更好的保護。我們可看見對於「我」的安全所給的保障乃在於事實上他的對象已經維持下來。在頑念神經症中變得有可能的乃是透過退行到前性器期的組織,讓情愛衝動將自身轉化為針對對象的攻擊衝動。在此,破壞的驅力再度釋放出來,設法要摧毀對象,或至少顯出有此意向。這些日的尚未納入「我」之中,且「我」正以反向形成及過度警醒的尺度來奮力對抗它們;它們仍停留在「它」之中。無論如何,「超我」的行為就好像「我」才是負責人,且在同時以其嚴肅的姿態來表現它正在嚴懲那個破壞性的意圖,責備它不只是退行所激起的模仿,而實際上是以恨來取代愛。「我」以在這兩方向上的無助來做徒勞的防衛,就像在防衛「它」所煽動的謀殺意圖,以及對抗懲罰性良心的譴責一樣。它所能成功的至少是掌控了雙方最野蠻的行動;其第一項成果乃是無盡的「我」折磨,

---

104 譯註:「純粹死亡驅力的文化」就不只是一套驅力,而是由語言呈象所構成的文化(culture),而「文化」則應理解為一套培養與育成的方式。

至終就會跟來一套對於對象的系統性酷刑,只要是它能用得上的。

那危險的死亡驅力,個人是以多種方式來對付:一部分是讓它和情慾成分融合成無害的,另一部分則讓它以攻擊的形式分散到外部世界,然而在很高的程度上,它們無疑仍是暢然無阻地在繼續進行其內部工作。那麼,在憂鬱症中,「超我」又是如何變成了死亡驅力的一塊集合場?

由驅力掌控的觀點而言,也就是道德的觀點,也許可說,「它」是徹徹底底不道德的,「我」是努力要成為道德的,而「超我」則可能是要成為超道德的,然而卻變成殘酷得好像只有「它」才辦得到。值得注意的是,一個人愈是要看緊他對於外部世界的攻擊性,則他的「我理想」就會變得愈加嚴厲——也就是愈有攻擊性。一般人對此處境的觀點剛好與此相反:「我理想」所設立的標準似乎就是用來鎮壓攻擊性的動機所在。總之,事實還是一樣停留在我們所說的那樣:一個人愈是控制他的攻擊性,則他的理想就會愈傾向於以攻擊性來對付「我」。[105] 這就像是一種誤置,倒過頭來對付自己的「我」。但即使是普通人的正常道德中也含有嚴苛限制與殘酷禁止的性質。誠然,由此而起的觀念乃是,愈高階的人類就會愈無情地動用懲罰。

對於這些問題,若要在我的考慮中更進一步,那就無法不

---

[105] 〔編註:佛洛伊德會回到這個弔詭命題,見其文〈對於夢詮釋整體的一些額外註記〉(1952i),另可參閱〈受虐症的經濟論難題〉(1924c),並在《文明及其不滿》的第七章中有更完整的討論。〕

引介一個嶄新的假設。如我們所知,「超我」之所以興起,是以向父親認同,拿他來做為楷模。每一個如此的認同在本質上都是一種去性化(desexualization),甚至是一種昇華(sublimation)。現在看來就像這種轉化發生的同時,也發生了驅力的解融合。在昇華之後,情慾成分不再有力量來綁住其中全部的攻擊性,這就會以攻擊性以及破壞性的形式釋出。這種解融合將會成為整體性格中的一種根源,展現在理想之中的嚴苛與殘酷——也就是責令式的「汝當」(你應該)。

我們再來推敲一下頑念神經症。其中的事態很不一樣。愛之解融合成為攻擊性,並非由「我」的工作啟動,而是來自「它」中的退行結果。但這過程延伸到「它」之外而到達「超我」,它現在增強其嚴酷性來對待無辜的「我」。然而在此情況下,那看起來就不少於憂鬱症,「我」既然得以透過認同來掌控力比多,此舉就會受到「超我」的懲罰——透過混在力比多之中的攻擊性所具有的工具性而進行的懲罰。

我們對於「我」的想法開始明朗起來,而其種種關係也逐漸獲得明確性。我們現在可看見「我」的長處及其短處。它在一些重要的功能上獲得授權。經由它跟感知系統的關係,它及時對心靈過程給了一種秩序,且讓它順服於「現實考驗」(reality-testing)。[106] 藉由植入思維歷程,它保住了運動釋放的延緩功

---

106 〔編註:參見〈無意識〉(1915)〕

能，並由此來控制運動作用的介入。[107] 可以肯定，這後面一種力量的問題比較多的是在於其形式而非其事實；在行動的事務上，「我」的地位就如同憲政中的君主，沒有他的裁決就沒有一個法案可以通過，但他對於議院的任何提案施行他的否決權之前，總會猶豫良久。生命中所有源自於外部的經驗都會讓「我」的功能變得豐富；然而「它」乃是它的第二個外部世界，它會努力將「它」帶進來馴服。它把「它」中的力比多撤回，並將「它」的對象投注轉化到「我」的結構中。[108] 藉由「超我」之助，雖然其手法對我們來說依然曖昧不明，只知它會把貯存在「它」中的過往經驗抽取出來利用。

有兩條途徑可讓「它」的內容穿透到「我」之中。其一是直接的，另一是經由「我理想」的引導；在此兩途中採取的是哪一條，在某些心靈活動中可能會具有決定性的分量。「我」發展出一種（能力），可由感知驅力而對它加以控制，以及由遵從驅力而對它加以遏止。在這樣的成就中，「我理想」分享了其中的一大塊，其中確實有一部分乃是針對「它」中的驅力歷程而發的反向形成。精神分析正是這樣的工具，可促使「我」達成對於「它」的逐步征服。

然而，從另外一個角度來說，我們看見的這同一個「我」乃

107　〔編註：參見〈心靈功能之兩種原則的形成〉（1911b）。〕
108　譯註：「『它』中的力比多」（力量）轉化為「『我』的結構」，這套「力量轉化為結構」的語言，在物理學上猶如「動能轉化為位能」，是很容易理解的物理學。

是聽命於三個主子的叫憐蟲，結果就面臨著三種險境：分別來自外部世界、來自「它」中的力比多，以及來自嚴厲的「超我」。有三種焦慮會相應於此三險境而生，因為焦慮乃是從險境中撤退的表現。做為一名在前線作戰的兵，「我」試圖在世界與「它」之間進行合縱連橫，好使得「它」能順從於世界，並且透過肢體動作，讓世界掉入「它」的願望中。事實上有個要點，在於「我」的舉動猶如分析療程中的分析師：它（編按：即「我」）獻上它自身，同時對真實世界用心注意，讓自身變得宛如「它」的力比多對象，目標設定在讓「它」的力比多依附到其自身之上。它不只是「它」的襄助者；它也同時是個奴隸，順服於它所追求的主子對它的垂愛。只要有可能，它就會維持它跟「它」的最佳條件；它會對「它」的無意識指令而穿戴起前意識的合理化衣裝；它假裝「它」是在表現其服從於現實的種種告誡，縱然事實上它仍維持著其桀驁不馴的性子；它在演出「它」跟世界間的衝突，如果可能的話，也演出「它」與「超我」的衝突。在它的位置上，也就是在「它」與現實的中途，它不只時常會阿諛奉承、見風轉舵、到處撒謊，就像個政客那樣，明知事情的真相，也仍一意要蹲在討好流行口味的位置上。

在對待驅力的兩類時，「我」的態度並非不偏不倚。透過認同與昇華的兩種作用，它對於「它」中的死亡驅力幫了一些忙，以便能夠控制力比多，然而在此舉中，它所冒的風險就是會變成死亡驅力的對象，並在此把自己消滅。因此為了能夠以此方式真正幫到忙，它得讓自身充滿力比多；於是它搖身一變而成了愛若

斯的代表,也由此而導致以活下去和被愛為其慾望。

但是,既然「我」的昇華作用之結果導致驅力的解融合,以及在「超我」之中的攻擊驅力導致其解放,這種對抗力比多的奮鬥會讓自身暴露於虐待與死亡的危險之中。在挨到「超我」的攻擊而受苦之時,也或許甚至是對此降服之時,「我」乃是在面對一種命運,就像原生細胞被自身分裂生殖時所產出的物質所摧毀一樣。[109]

在「我」所站的各種依賴關係位置中,跟「超我」的關係也許最為有趣。

焦慮的實際座落之處乃是「我」。[110] 由於面臨來自三方面的險境,「我」乃經由把險惡感知當中的投注撤回,或撤回在「它」當中類似於此歷程的投注,而發展出逃避反射(flight-reflex),然後發散出來,就成為焦慮。這個原始的反應後來由於實施了保護性投注(即恐懼症 [phobias] 的機制)而得以取代。「我」對於來自外部世界以及來自力比多險境到底是在害怕什麼,我們無法詳細指出;我們只知這種恐懼所怕的乃是整個被席捲,或是整個被取消,但這是分析治療法所無法逮住的。[111]

---

109 〔編註:佛洛伊德曾在《超越快感原則》一書中討論過這種微生物學。〕譯註:或原生物學,原文指出「原生物」的兩種拉丁文拼法 'protista'/ 'protozoa',應該使用後者。

110 〔編註:以下談到的焦慮議題應連同佛洛伊德修訂過的觀點一併閱讀,見《抑制、症狀與焦慮》(1926d),在其中可看見此處所提的問題都作了進一步的討論。〕

111 〔編註:關於「我」「整個被席捲」(overwhelmed, 德文作 'Uberwältigung')

「我」只是在遵從快感原則的警告。換個角度，我們就可說出躲在「我」背後的，即「我」所怕的，乃是「超我」，亦即「我」是在害怕良心。[112] 這個優越的存有狀態，後來轉變為「我理想」，曾經威脅要閹割，而對閹割的恐懼也許就是這種恐懼的核心，那是後來的良心所逐漸累積起來的；正是這種害怕延續而成為良心憂懼。

有一句聽起來像是唱高調的話：「每一種恐懼到頭來乃是對死亡的恐懼」，這說法簡直沒有意義，無論如何都無法合理化。但在我看來，相反地，這說法完全正確，因為它能把死亡恐懼區分為對於對象的害怕（即現實焦慮），以及來自神經症的力比多焦慮。這是對精神分析提出一個難題，因為死亡是個抽象概念，並且帶有負面的內容，在其中找不到任何與無意識相關的東西。看起來死亡恐懼的機制只可能是「我」將它自身的力比多投注大量撤回——也就是說，它把自己放棄，正如它放棄某些其他狀況中的**外部**對象那樣，因為那會導致它感覺到焦慮。我相信死亡恐懼乃是在「我」與「超我」之間所發生的某種事情。

我們已知，死亡恐懼的現身需要兩種條件（更且已知，那是

在佛洛伊德的著作中出現得很早。譬如可見於他的第一篇論文〈防衛的神經-精神病〉'The Neuro-Psychoses of Defence'（1894a），在第二部分就曾提及。但這成為主要議題是在他與弗利斯的通信（Draft K of January 1, 1896[Freud, 1950a]）。其中與「創傷情境」有顯然的關連，見《抑制、症狀與焦慮》（1926d），也可參見《摩西與一神教》（1939a）中的第三篇。

112 〔編註：「害怕良心（良心憂懼）」（'Gewissensangst'）這個用字出現於《抑制、症狀與焦慮》（1926d）的第七章。〕

完全可以類比於其他種類的焦慮發展出來的情況），也就是說，如同對於外部險境的反應，以及如同內部過程，譬如像在憂鬱症那樣。我們要再度經由神經症的顯現之助，來幫我們理解常態為何。

憂鬱症中的死亡恐懼只允許一種解釋：「我」放棄了它自身，因為它覺得自身被「超我」所痛恨及迫害，而不是被愛。因此，對於「我」而言，活著就等於被愛——被「超我」所愛，而在此的「超我」再度顯出是「它」的代表。「超我」實現了守護和保存的同樣功能，而這先前是由父親來實現的，後來就轉交給**天意**或**命運**。但當「我」發現它自身就是個特別真實的險境，而它相信這是它以自身之力所無法克服的，它也就傾向於做出同樣的結論。它看見自身已被所有的保護力遺棄，且要它去死。更且，在此，是再度陷入同樣的險境，如同襯墊著出生時的首度極大焦慮狀態[113]，以及在嬰兒期的渴望焦慮（infantile anxiety of longing）那樣——這種焦慮的來源就是跟保護者母親的分離。[114]

這些推敲使得對於死亡恐懼的看法變得可能，就像良心恐懼那樣，是來自閹割恐懼的發展。其中意義重大之處在於神經症中的罪疚感得以由一般神經症中的焦慮來設想，亦即它乃是由嚴重

---

[113] 〔編註：〈出生的焦慮〉這個觀念的一些討論可見於〈抑制、症狀與焦慮〉（1926d）一文的編者註中。〕

[114] 〔編註：這是「分離焦慮」的伏筆，見〈抑制、症狀與焦慮〉一文的討論。〕

個案中的「我」與「超我」之間所催生的焦慮之強化（也就是對於閹割、對於良心、對於死亡的恐懼）。

我們終於回到「它」，來說它對於「我」其實沒有任何使力點，不論是透過愛或恨。它無法說它要的是什麼；它也不能達成一套統合的意志。在其中有愛若斯與死亡驅力的鬥爭；我們已看見其中一組驅力動用了什麼樣的武器來抵擋另一組驅力。很可能描繪出的圖景是這樣：「它」受到闇啞卻有力的死亡恐懼之宰制，其用意在於求和以及（由快感原則所推促）讓愛若斯這個搗蛋鬼安靜下來；但這樣一來，也許反而低估了愛若斯所扮演的角色。

附錄 A：描述性的無意識與動力性的無意識
The Descriptive and the Dynamic Unconscious

詹姆斯・史崔齊（James Strachey，編譯者）

有個令人好奇的論點出現在上文（頁 55-57）的兩個句子中。編譯者對此的注意來自私下跟鄂尼斯特・鍾斯博士的交談，而他是在一次檢視佛洛伊德的書函時發現的。

在 1923 年的十月二十八日，即本書出版後幾個月，斐倫奇寫給佛洛伊德的信裡用了這樣的字眼：「……然而我大膽向您提出這樣的疑問……因為在《「我」與「它」》當中有一段這樣說，而您沒提出解決，我也無法理解……在第 13 頁（德文版頁碼）我的所見如下：『……以描述性的意謂而言，有兩種無意識，但以動力性的意謂而言則只有一種。』無論如何，因為您在第 12 頁 [115] 寫道：潛伏的無意識只是就描述性的意謂而然，而非就動力性的意謂來說的，但我的想法卻得說：正因為有動力性的取向出現才會引出這樣的假設，即有兩種 Ucs.，至於描述性的意謂則只知道有 Cs. 和 Ucs.（之別）。」

對此，佛洛伊德在 1923 年十月三十日回覆道：「你對於《「我」與「它」》第 13 頁那段的疑問實在讓我震驚。你在那裡所說的直接和第 12 頁的意思相反；而在第 13 頁的句子中，所謂『描述性』與『動力性』就只是你用了移調而已。」

---

[115]〔編註：德文版的頁碼，在本書中是 p. 15（旁碼）。〕

對於這段驚人的來回,若稍作考量,無論如何都可發現,斐倫奇的批評是基於誤解,而佛洛伊德則是過於倉促地接受下來。在斐倫奇那段評論的骨子裡有什麼混淆,實在很不容易搞清楚,因此就不可避免地需要用到一大段的論證。然而,既然在斐倫奇以外也有很多人會陷入同樣的錯誤,看來在此就值得嘗試把事情予以澄清。

　　我們就從佛洛伊德那段話的前半來開始:「以描述性的意謂而言,有兩種無意識。」這裡的意思看起來非常清楚:「無意識」這個描述性的字眼裡包含著兩種東西——潛伏的無意識以及壓抑的無意識。無論如何,佛洛伊德也許可以把這意思表達得更清楚些。與其說是「兩種無意識」,他也許可說得更明白,亦即就描述性的意謂而言,是「有兩種無意識之物」。事實上斐倫奇顯然誤解了這裡的用字:他把「描述性的無意識」這字眼看成「有兩種不同的意思」。正如他準確地看出,不可能是這樣的:無意識一詞,以描述性的意謂而言,只可能有一個意思——亦即被它所指的該物是沒有意識的。用邏輯的術語來說,他認為佛洛伊德是用此詞來指其**內涵義**(connotation),然而他實際上是指其**外延義**(denotation)。[116]

　　我們現在就前往佛洛伊德那句的後半段:「但以動力性的意謂而言 [那裡] 只有一 [種無意識]。」在此,其文意甚是明

---

116 譯註:這裡的「**內涵義**(connotation)/**外延義**(denotation)」是就作者聲稱的邏輯術語而言的譯法,但可以更簡單譯作「言外之意/字面意義」。

確:「無意識」一詞用動力的意謂而言只能包含一物——亦即受壓抑的無意識。這裡再次陳述了此詞在**字面上**的所指,就算那會指向其**言外之意**,那仍是對的——所謂「動力的無意識」只能有一個意思。然而斐倫奇反對此說,他的理解基底就是說「正因為有動力性的取向出現,才會引出這樣的假設,亦即有兩種 **Ucs.**」。斐倫奇再度誤解佛洛伊德。他認為佛洛伊德的意思是說:如果我們在考量「無意識」一詞時,心存著動力因素,我們就會看到它只有一個意思——這就當然跟佛洛伊德所爭論者剛好相反。然而佛洛伊德真正的意思是說:所有在動力上無意識的東西(也就是受壓抑者)都會落入同一個種類——這個論點,在斐倫奇使用符號 **Ucs.** 來指描述意謂的「無意識」時,弄得更加混淆——這是佛洛伊德自己在 p. 18 的含意中也犯的筆誤。

62　　因此,佛洛伊德的這後半句本身看來,對於批評已經完全能夠免疫了。但是,難道如同斐倫奇之所見,以及如同佛洛伊德自己也似乎同意的那樣,跟前半句是不能相容的嗎?這前半句把潛伏的無意識說成「只當為描述性的無意識,而非在動力性的意謂上。」斐倫奇顯然是認為此句跟後半句的說法[117]互相矛盾。然而這前後兩個陳述實際上並不互相矛盾:事實上,「潛伏的無意識」只是「描述性地無意識」,這絕不意謂它是描述性無意識所指的唯一之物。

---

117 譯註:省略引述該後半句。

附錄 B：力比多的巨大水庫
The Great Reservoir of Libido

在此問題上[118]有相當大的困難，是在 p. 30[119] 的第一條註腳中提及，並在 p. 46 作了更長篇幅的討論。

這個類比（analogy）似乎第一次出現在《性學三論》（1905d）第三版新增的段落中，而這是在 1915 年出版的，但佛洛伊德從 1914 年秋天就已經在做準備。這一段的文字如下（SE, 7, 218）：「自戀的，或『我』的力比多，看來像是個巨大的水庫，從其中送出的是對象投注，並且又從其中撤回；對於『我』的自戀力比多投注乃是此事的原初狀態，在最早的童年期即已實現，只是被後來擠出的力比多所覆蓋，但其本質仍在背後持續著。」

然而，同樣的觀念，也被佛洛伊德以他最喜愛的類比寫出來，其出現之處有時像是替換，有時則與「巨大的水庫」併行。[120] 這段文字就在論自戀那篇（1914c）當中，是佛洛伊德在同年較早的時候寫的（SE, 14, 75）：「我們由此而形成一個想

---

[118] 譯註：關於一個類比（或比喻）的使用，看來是個不太重要的細節，但這個類比就像把「我」與「它」的關係比喻為騎士和馬的關係，成為後日被人引用佛洛伊德的精神分析理論時，最具象也最容易理解的說法，換言之，讓精神分析成為流行於世的觀念，這樣的類比具有巨大的效應。

[119] 譯註：本篇附錄中提及的頁碼皆指 SE（全集標準版）中的頁碼。

[120] 編註：這個類比更早即以不成熟的形式出現在《圖騰與禁忌》的第三篇之中，其第一次出版是在 1913 年。（SE, 13, 89.）

法，認為有一種發自「我」的原初力比多投注，後來也由此而投向諸多對象，但（這種投注）基本上會持續並且也跟對象投注有關，非常像阿米巴原蟲跟它所伸出的偽足之間的關係。」

這兩個類比合併在一起出現於一本半流行的匈牙利刊物，1916 年寫的（〈在精神分析道途上的難題〉[1917a, *SE*, 17, 139]）：「『我』是個巨大的水庫，注定要投向對象的力比多就是由此流出，並且也從對象流回到自身⋯⋯要給這種事態做個詳實的說明，我們可想想阿米巴原蟲，會伸出黏膠狀的偽足⋯⋯」

阿米巴再度出現於《精神分析新論》（1916-17）的第 26 講，始於 1917 期間，而水庫則出現在《超越快感原則》（1920g, *SE*, 18, 51）：「精神分析⋯⋯來到其結論，『我』乃是力比多真正原初的水庫，而力比多只能從這水庫導向各個對象。」

佛洛伊德在 1922 年夏天寫的那篇百科全書短文中（1923a, *SE*, 18, 257）包含了這段非常相似的段落，然後幾乎緊接在後就宣告了「它」，其中出現了對於前說幾乎是個劇烈的修正：「現在我們既然做出了『我』與『它』之間的區分，我們就必須辨認出『它』乃是力比多的巨大水庫⋯⋯」，然後，再來一次：「打從一開始，所有的力比多就在『它』之中蓄積，而當時的『我』還只在其形成過程，因此還很微弱。當「它」把部分力比多以情慾對象投注的方式送出，此時（被投注）的『我』既已逐漸壯大，乃試圖掌握這對象投注，將此力道把『它』變成一個愛的對象。」（Pp. 30 n. 以及 p. 46.）

這個新的立場似乎相當顯然易懂，然而在碰到如下的句子時會讓人覺得有點困擾——這是寫於本書之後的〈自傳研究〉（1925d [1924]）（*SE*, **20**, 56）：「在主體的一生中，他的『我』一直是力比多的巨大水庫，把對象的力比多由此送出，並且也從對象流回到自身。」[121]

這個句子，說實在的，是從精神分析理論發展的路上出現的速寫；但其中沒有標示出對於本書所宣稱的觀點作了任何改變。最後，我們終於在1938年的絕筆之作《精神分析綱要》的第二節中發現這一段：「我們對於『它』與『超我』之中的行為幾乎無話可說。我們所知的就只是它們都跟『我』有關，原先力比多在其中貯存了全部可用的總額。我們可稱此狀態為絕對的初級自戀。此狀態會　直維繫，直到『我』開始用力比多把對象的意念投注出去，把自戀的力比多轉換為對象力比多。終其一生，『我』一直是個巨大水庫，力比多的投注由其中送出到對象身上，且也會由其中撤回，正如阿米巴原蟲以其偽足之所作所為。」

是不是後來寫的東西暗示了佛洛伊德抽回了他在本書中所表現的意見？看來令人難信，因為有兩點可助我們讓此顯然有衝突的觀點達成和解。首先是很小的一點。「水庫」的類比本來就是有點曖昧的：水庫既可理解為蓄水槽，也可視為供水的水源。要

---

121 〔編註：有一段幾乎一模一樣的句子，出現在《精神分析新論》的第32講（1933a, *SE*, **22**, 103.）也可見〈對象投注乃是從「它」的本能要求中彈出〉（*SE*, **22**, 77）。

把這樣的意象運用到「我」和「它」都不會有什麼困難,並且顯然可以澄清上文所引述的那些段落——特別對於 p. 30 那則註腳——如果佛洛伊德要顯示他心目中更為準確的圖象應是如何。

第二點則有非常巨大的重要性。在《精神分析新論》中,就在剛才引述的那個註腳後面幾段,其上下文是在討論受虐症,佛洛伊德寫道:「其實如果破壞性驅力以及『我』驅力——但我們本來想的更只是『它』,亦即整個人——原初就包含著所有的驅力衝動……」這兩個破折號中間的要點所在,當然就是說,在事物的原始狀態下,其中的「它」和「我」都尚未分化。[122] 然後還有類似但更明確的註記,在《綱要》一書中,這次是有兩段,在先前引述那段的前面,說道:「我們對於最初狀態畫出了圖象,在此有整套可用的愛若斯能量,我們此後應該稱之為『力比多』,就會出現在仍未分化的『我』『它』之中……」如果我們把這當作佛洛伊德理論的真正精要之處,則在他的表達中顯然的矛盾就消失不見了。這個「『我』『它』」就是本來稱為「力比多的巨大水庫」,意謂著一個大蓄水槽。在分化發生之後,「它」會持續當個蓄水槽,但當它能送出投注之時(不論是送往對象,或送往未分化的「我」),它就會額外生成一個水源。但同樣的過程也會發生在「我」,因為它以某一觀點來看,既會是自戀力比多的蓄水槽,也會是對象投注的水源。

無論如何,這最後一點就會把我們導入進一步的問題,在其

---

122 〔編註:這當然是眾所周知的佛洛伊德觀點。〕

中似乎難免要假定佛洛伊德在不同時候所持的觀點是不一樣的。在本書中（p. 46）所謂「在最初，所有的力比多都是在『它』當中蓄積」；然後說「『它』把一部分力比多送出成為情慾的對象投注」，對此，「我」試圖加以控制，就是強迫自己使力於讓「它」變成一個愛的對象：「自戀的『我』終究是個次級的（對象）」。但在《綱要》中，「原先力比多在『我』當中貯存了力比多全部可用的總額」，「我們可稱此狀態為絕對的初級自戀」以及「直到『我』開始用力比多把對象的意念投注出去」。兩種不同的歷程在這兩套說明中面面相覷。其中第一種認為最初的對象投注是直接發自「它」，而只能間接到達「我」；第二種是認為力比多的全額包括了從「它」到「我」，且只會間接到達對象。這兩種歷程看起來並非不能相容，並且很可能兩者皆可發生；但佛洛伊德對此一問題卻是沉默不語。【原版 SE 到此結束】

不論哪一種，很有幫助的是能夠回想起：以阿米巴原蟲及其偽足的理論模型而言，對象投注並不包含將力比多傳移到外部對象本身，而是將力比多傳移到心靈裝置之內，在對象的**記憶痕跡**（意念）之上，而這是衍生自 **Pcpt.-Cs.** 系統施之於原先尚未分化的「我－它」之上的行動——此行動實際上即是將「我」從「它」分化出來。因此，對象的力比多絲毫不少於自戀的力比多，在「我」當中達到其巔峰（先後在對象的意念中，以及在自我 [self] 的意念中）。（Cf. 編者的一則註記，有關於 **Pcpt.-Cs.** 系統與「它」的關係；【*RSE*, **24**, 125 的增補】）

譯序（二）

我們在中文翻譯的佛洛伊德作品中，經常看到一個非常容易導致觀念混淆的問題，就是關於「自我」這個核心概念。在譯序（一）中已經提到：在佛洛伊德筆下使用的德文「das Ich」一詞，相當於英文「the I」，白話的中文就是「我」，但英文標準版全集刻意將它譯作「ego」，而本文作者麥肯拓昔（Donald McIntosh）發現：「通常所見的『das Ich』一詞在佛洛伊德的用法中**有兩個截然不同的意思**」，其一是指「**系統-結構的 ego**」（這個 ego 常譯作「自我」）；另一是指具有**主體性的「我」之整體**，也就是統稱為「自我理論」（theory of the self）當中的「自我」，但那卻是 **self**。

要之，佛洛伊德的原文中只是一個字，英譯文現身時卻可能採取兩種形式：「**ego**」或「**self**」，而中文翻譯都可譯為「自我」，不然就得為後者（self）作出種種有別於「自我」的造詞，譬如「自體／自性／自己／我自身」等等。尤其到了後佛洛伊德時代，各種理論發展確實有必要強調各自不同的論旨，但我們看到的英譯文依然都保持著用兩個字 ego 和 self。

再說一遍，這是**從德文到英文再到中文的三種語文之間的翻譯問題**：一個德文「das Ich」，變成兩個英文「ego/self」，再

變成三四五個不同的中文──做為中文讀者的我們,面對這麼多個不同語詞才能表達我們對於一個概念的不同理解──現況既已如此,我們有什麼辦法可以讓概念回到它的原初地位──我們所謂的「原初」並非「das Ich」那個德文,因為我們的翻譯難題事實上正是發生在英文的「ego」和「self」,包括標準版全集及其他所有談及自我理論的作品在內。

說到這裡,只以「回到德文原文的翻譯」已經不足以為我們解套。三種語文之間的翻譯,最後必須以中文閱讀為其終點。我們好像有必要回頭檢討一下如何用「中文」這種語文來閱讀佛洛伊德的作品。但我們已知的檢討條件是:即便把這問題丟給中文的語言學專家,在面對著中文對西方語文的**依附性現狀**之下,他們恐怕也只能束手無策。我們迫切需要的只是把我們所面對的精神分析這門學問,亦即佛洛伊德的作品本身,拿來以中文呈現時,該怎麼談「自我」的問題?也就是該如何釐清它的英文來源 **ego** 和 **self**──釐清這兩個英文語詞,在德文和英文的各種文脈中究竟是什麼意思。

於是,本篇翻譯文字,就像傳統的十三經,必須經過一層層的傳、注、箋、疏過程才能被後世讀者讀懂一樣,亦即必須先引經據典,然後為它作傳注箋疏。然而我們現在面對的經典就是德文和英文。在傳注箋疏之前,它們現身的方式就只能是那兩種原文,而不可能直接採用中文翻譯,因為相形之下,翻譯只當守住傳注箋疏的地位來提及原文。

緣此之故,以下出現的原文 **das Ich**、**ego**、**self** 以及它們在

兩種原文脈絡中衍生的意思，都將直接使用德文和英文，不予**翻譯**，亦即將它們視為咱們中文經典的原文，只是改用中文引號引進中文的文脈中。這是譯者在推敲良久之後所作的決定，因為已經認定：**把那些原文用簡譯／暫譯而得的結果，拿來當作正文，只會讓讀者陷入更難纏的意義漩渦。**

任何翻譯都不是一套可與原文平行而無礙的書寫狀態，中文翻譯自不例外。當代中文的學術書寫本來就已經不可能不與外文交相夾纏。我們雖然早已習慣如此不純的（即帶著強烈依附性的）中文，但似乎沒有人把這種夾纏的書寫狀態寫成一個有意明示的規則，特別在中文翻譯書寫之中。因此這裡有必要把這樣的規則寫出來，也就是如下三種形式：

規則 1

譬如：「傳移」（transference）：中譯文在前，其後附加上「括弧」（原文），因為除掉這些「括弧附加」之外，沒有人能保證原文的意思可以適當無誤地傳達。**這就是目前中文對西方語文的依附性狀態，也是學術書寫早已沿用的慣例**，除了以下的「規則 2」之外，本文亦然。

規則 2

譬如：「self」（自體）或「self」（自性））：這是把上一種「附加」的次序顛倒過來，即當碰到不可譯的外文時，先保留原文，再用「括弧‧中文暫譯」的方式「附加」在後。這是本文

必須使用的特殊規則。後者，在一千多年前開始的佛經翻譯大業中早已有其原形出現——玄奘主張的「五不翻」原則，就是把某些梵文原文用漢語音譯（而非意譯）保留下來，於是，我們看見了一種早已出現的「不翻」形式，不必「附加原文」，但我們必須把它改頭換面，列入我們的參考規則中。

規則 3

譬如：「阿耨多羅三藐三菩提」，沒有用括弧附加「無上正覺」——這是在正文註腳中才可能出現的譯文，但正因為它不能盡意，只能視為暫時的參考，在經典中不會出現。然而我們仍需知道，這種「暫譯」也是一種規則。換言之，我們在此使用的「不翻」原則，就算是「五不翻」之外的第六種不翻——不用意譯、不用音譯，而直接呈現原文，然後視其上下文脈，再附加不同的參考性暫譯。因為原文可譯為多種義近而形異的中文，這種混濁的現象在目前的中文使用上，就構成了我們需要加以明辨的課題。從簡單的英文「I/me」之別，到「ego/self」之別，就可明顯看出：它只能當作待解的問題，而不可逕以暫譯的中文來充當既成的定義。

有了以上規則的陳述，我們就得先知道，在本文中有幾個使用「規則 2」的關鍵語詞，不能翻譯，只能偶爾使用暫譯，那就是：

「Das Ich」＝「the I」＝「我」

「Ego」=「das Ich」=「我」
「Self」=「das Selbst」=「我自身」（這是指受格）
「Self」=「ego」=「Das Ich」=「自我」（這是指主格）

看到以上令人眼花的譯名，然後，當麥肯拓昔為了「我」或「自我」等等概念而寫下這篇苦心孤詣的明辨研究時，我們才需要翻開來仔細閱讀，以便有助於讀懂佛洛伊德的原意。

附記

本文還有幾個理論上的關鍵字，需要增加幾點補註。

1. 德文「Besezung」的英譯名「cathexis」，被作者改譯為「investment」（常譯為「投資」）。他特別為此寫了一條註腳，聲稱：「用英文 cathexis 來翻譯德文 Besetzung 是相當野蠻的作法，佛洛伊德本人曾經強烈地（也很正確地）表示反對。」誠然，因為 cathexis 是個物理學用語，放在心理學語境中確實非常不恰當。然而「投資」在中文大多是作為理財術語來使用，也不見得會更恰當。中文對此曾有的舊譯為「貫注」，而本文則是兼採「投資」與「貫注」的意思而譯為「投注」，應該是個剛好的中文用詞。在《「我」與「它」》的整本譯文中使用的就是「投注」。
2. 上文提到：「當代的中文」在使用上是很值得商榷的語言。說

到它對西方語義的依附性時，我們的確是時時刻刻親眼見證著它以遍體鱗傷的姿態現身。然而有些語詞，用中文來翻譯雖然帶有超出原文的意思，卻會成為頗具特色的表現，譬如「精神分析」中的「精神」。我們在此把它另譯為更常用的「心靈」，就像在本文中，我們用的是「心靈投注」，而不稱為「精神投注」——為了愛惜之故，我們不濫用「精神」這個特色語彙。

3. 還有「主體」一詞，在談到「人」，尤其是「自我」時，主體就是指人的自我，在自稱時是「我」，在對談時會被對方稱為「你」，而「你-我」在當代哲學上就叫做「互為主體」的關係。同時在這個主體的對面，有個哲學上的慣用語「客體」，但在本文中卻要盡量避免，除非是引用，譬如「客體關係論」。我們正式用的譯名是可以跟日常語言相通的「對象」。說真的，平常談到「愛的對象」時，誰會說成「愛的客體」呢？這個「對象」就是可從日常語言迻入學術用語的詞彙，就像作者不斷聲稱，佛洛伊德有意讓家常話和術語之間沒有距離，這特別是指「我／自我」之間的問題。譯者在此要把這原則延伸到「對象／客體」上。並非所有的精神分析關鍵字詞都可運用這樣的原則。我們只是在困難的語言處境中，時而必須因勢利導而已，只要有機會的話。

4. 最後一個，本來不用多加解釋的字眼，「the person」，「one's person」，就是上文所談的「人」，除了談其詞性和作為「主體」的意思之外，我們必須更加注意的是這個「人」

當中帶有「身／體」之義。以「身」作則，是以「我自己」（my person）來當作模範的意思。「身」先士卒，也是我自己比所率領的士兵先往前衝的意思，都是用「身」來表示 person；然而 person to person 是指我體與汝體的相會，這時最好的關係就是互相「體會」。因為「身／體」兩字各作為一詞時，跟使用「身體」兩字合成的一詞，意思相同，但分開來看，只有「體」可作為動詞，即可用來形成「體會、體諒、體察、體悟」等等動詞，然而「身」卻沒有動詞功能。我們的語言再貧乏，也仍然撿得出這些字，來繼續進行細微的翻譯工作。

2

佛洛伊德思想中的 Ego 與 Self

The Ego and the Self in the Thought of Sigmund Freud

by Donald McIntosh (1986)

本文譯自《國際精神分析期刊》卷六十七
(*International Journal of Psycho-Analysis*, 1986, 67:429-448)

緒論[1]

僅僅在幾年前,在精神分析的自我理論(theory of the self)議題範圍內要下筆寫篇文章,就必須先交代處理此一題目有何必要,或有何相關的理由。晚至 1981 年,我們還可發現史普路爾(Spruiell)做了如此的辯駁:「『自我』(self)一詞在精神分析中『根本不具有做為一個理論詞彙的地位』」(p. 391)。然而隔年,《美國精神分析學會期刊》(*Journal of the American Psychoanalytic Association*)就花了一整期的篇幅來討論此一議題(Vol. 30, #4)。誠然,最近由於這方面的文獻已增多到相當浮濫的程度,以致本文在下筆處理此一議題時,仍必須交代另一個必要的理由。

本文立論的起點乃是要透過檢視佛洛伊德對於自我的理論,即 self 和 ego 的關係,來為這方面的文獻做出一點貢獻。Self(das Selbst)一詞在佛洛伊德作品中實際上很少出現,但我必須辯稱:這個概念佔有核心地位。**通常所見的「Das Ich」一詞(英譯為 "the ego")**[2] **在佛洛伊德的用法中本來就有兩個**

1　譯註:旁碼數字是原著刊登在 *International Journal of Psycho-Analysis*(1986, 67:429-448)上的頁碼。
2　譯註:注意這裡不能翻譯的就是「Das Ich」和「ego」,分別根據譯者前言中所謂的「不翻原則」,用原文(加上中文的引號)來呈現。意思是說,我們把原文拉進漢語裡來,也省掉音譯的多餘程序。如果讀者不會讀這兩詞,譯者在這裡用國語注音符號幫忙注音如下:「Das Ich」讀作「ㄉㄚㆰ·一ㄟˋㄒ」,「ego」讀作「一·ㄍㄡˇ」(兩音節之間用「·」來分隔)。

2　佛洛伊德思想中的 Ego 與 Self ｜ 131

截然不同的意思（Hartmann, 1939 p. 119）；（1950 p. 127）（Loewenstein, 1940 pp. 386-387）；（Sandler & Rosenblatt, 1962 pp. 132-133）；（Schafer, 1968 p. 80）；（Rothstein, 1981 p. 440）。就是先有個「結構的」或「系統的」「ego」，早在 1895 年（譯按：即〈方案計畫〉一文）就已開始引介，但在已出版的作品中現身則是要等到 1920 年代。有這種意思的用字主要是出現在後佛洛伊德時代的文獻中，譬如哈特曼（Heinz Hartmann）以及他的同僚所稱的「自我心理學」（ego-psychology）。

然而，在 1914-1918 年間，佛洛伊德把「Das Ich」用作一個核心概念，它的意思和後來（及以前）的「系統-結構的 ego」相當不同。這段時期的「ego」，在廣義上和「self」的概念相似，像這樣的用法，是到了相當晚近才冒出來的，最值得注意的就是寇哈特（Kohut）以及他的跟隨者們。在 1914-1918 年間的這種「Das Ich」相當難纏，甚至曖昧不明，這很可能就是為何這種種相似性沒被辨認出來的緣故。本文的主要工作就在於企圖澄清這個概念的意思，把其中的「self」之義離析出來（這樣才能把「ego」限定在系統-結構的意思中）。有三個要點需先予以指明：

首先，對於兩篇文章的某些段落會有相當仔細的文本分析，那就是〈論自戀〉（**1914**）以及〈驅力及其週期興衰〉（**1915a**）。此兩文既涵蓋了佛洛伊德全部思想中的主要關鍵，因此也包含了他對於「ego 做為 self」（ego-as-self）理論的主要

陳述。

其次，文中有些地方會使用德文的文本。佛洛伊德的自我理論包含了好幾個重要的區分，在他的發展中是精確的；而在用法上也相當一致。不幸的是，在英文《標準版》的翻譯中，對於他在處理此一議題時的思想，並沒有達到合理澄清與連貫的目的。

第三點，有些取自當代心靈哲學（philosophy of mind）的觀念會在此運用，為的是要釐清佛洛伊德的思想。在 1914-1918 年間，佛洛伊德把「Das Ich」處理成為人自己的力比多之**對象**（object），或帶有攻擊性的「Besetzung」之**對象**（object）。[3]「Besetzung」一詞在本文中譯為「投注」（investment）或「心靈投注」（psychic investment），而不譯為「投資」或過去曾出現的譯名「貫注」（cathexis）。[4] 正如沃爾罕（Wollheim, 1967-1968）已指出，佛洛伊德顯然是 [p. 431] 從哲學家布倫塔諾（Brentano）那裡導出了這個核心概念，他修過布倫塔諾的課，且對這段學習十分重視（Jones, 1953, pp. 37, 56）。佛洛伊德的「心靈投注」概念相當近似於布倫塔諾的「意向狀態」（intentional state），後者將在下文中解釋。

布倫塔諾對於心靈做出的最重要理論，就在於其「意向性」（intentionality），這也曾經導引出一整套哲學傳統，他已為這

---

[3] 譯註：「力比多之對象」與「帶有攻擊性的對象」，此兩者在此構成的對比，在於前者可等同於「愛的對象」，而後者則等同於「恨的對象」。
[4] 原註：在此必須強調的是：佛洛伊德對於理論主要用字之中的多重含意乃是他的思想之強項，而非弱項。

個觀念做了很多澄清，且加以發展。我將會在下文中闡明的，特別在於佛洛伊德把「self」描述為心靈投注的對象，也就是「意向的對象」（intentional object）時，正意指這個字眼已達到當代哲學所謂的「用語藝術」（terms of art）的程度。為這些材料做些導論，用意是要幫助澄清佛洛伊德在處理此議題時所造成的種種混淆。

把佛洛伊德在此呈現的**自我理論**攤開來，目的在於指出：當代精神分析的自我理論也許並不代表它在一開頭時就想要和原先設定的概念徹底分道揚鑣，毋寧說它們代表了一些新觀點與洞識，而這些都是**從佛洛伊德**主要的啟示與概念發展而來的。

本文所處理的問題來自我在他處做過的一篇大綱，談佛洛伊德理論之構想及其本質（McIntosh, 1979）。我在該文中曾論道：跟物理學、生物學等自然科學做個對比，佛洛伊德使用的理論概念都是從日常生活的常識體驗中抽取而得，經過優化、澄清及延伸而來，正如佛洛伊德曾如此自道：

> 你們也許會抗議我們選用簡單的代名詞，而非使用朗朗上口的希臘文名稱，來描述我們的兩個行事者（agencies）或行動領域（provinces）。然而在精神分析中，我們喜歡跟平常的思維模式保持接觸，且寧願將其中的概念變成科學上有用的，而非予以排斥。這樣的做法其實並未撿到什麼便宜；我們只是必須採取這條路線；因為我們的理論必須被我們的患者理解——他們經

常都很聰明,但並非總是很有知識。(1926b, p. 195)

在日常語言中,像「I」(我)、「me」(己)、「self」(我自身)、「myself」(我自己)等字眼都是以好幾種意謂來使用的,且經常會互相交融在一塊。但在佛洛伊德的寫作中,這些意思都被離析開來,並且成為相當一致的術語來使用。這些經過澄清的常識概念乃是他的理論憑以建立的素材。

以其最廣義的用法而言,像「I」(我)這字眼所指的就是一個**整體的個人**,從心理到身體而言,也是主體與客體兼備。佛洛伊德對此概念所用的術語通篇一律不是用「Das Ich」(「我」)而是用「Die Person」(「人」),或是用返身自指的型態「Die eigene Person」,字面上那就是指「人自身」。在精神分析文獻中很常看到用「我自己」(the self)來指稱這個概念(e.g. Jacobson, 1964, p. 6n; Moore & Fine, 1967, p. 85)但用「人」或「人自身」則更像是成語,也是和佛洛伊德的遣詞用字更為和諧的用法,因此在本文中也將如此使用。

關於「人」的整體概念可區分為三個次範疇,不論是在日常語言中,或在佛洛伊德的思想中。首先就是有個做為主體的人,他以此而能行動、思想、感覺、欲望、受苦、喜樂。佛洛伊德對此觀念的指稱幾乎不變的用字就是「Das Ich」,而在他的著作中,這個常識性的用字就層層上綱成為技術性的特殊用語,叫做「系統結構上的 ego」。與其說此詞會顯現任何不一致或曖昧性,這種頗具彈性的用字可以經常提醒我們,在理論和日常的觀

念上,兩者如何具有密切的親和性,因為正是「系統結構上的ego」在把個人組織為一貫的主體上,扮演著核心功能的角色,讓它能夠在世界中有意識地行動。

其次,在自己這個人當中,有個「I」(我)做為對象,這個「我」就是我們能思及、能感到、能喜、能愛、能恨,也就是我們相信或期望自己能成為的樣子。佛洛伊德也一貫地使用「Das Ich」來表示這個意思,然而到了 1920 年之後,就只能從眼前的文脈中讀出「Das Ich」在兩個意思中是用來指哪一個。為了澄清的目的,也為了希望能建立起跟當代自我理論的接軌之處,我在本文中就要使用「self」來指稱這個意思。

第三,有個「我」(the 'I')所指的是這個人的**性格**(佛洛伊德的原文是 'Der Charakter',[5]),做為一組特質的集合,也就是這個人所展現的典型思想與行動,譬如誠實、準時、乾淨,等等。這些性格特質通常形成的是一個具有穩定組織的整體,在此意謂下的「性格」,如同特質所構成的綜合徵象(syndrome),乃是個結構的概念(因為一個結構就是指其中各部件關係的集合)。組成這個綜合徵象的特質,正常說來,都在基本上具有某些共同的特徵,譬如主動性或被動性,而在該意謂中,性格就是思想與行動的基本取向,也就是在該組性格特質的綜合徵象所反映或表現出來的。(參見 Schafer 1979,可看見類似的處理。)

當「a person」(一個人)在概念上本來是有別於「the

---

5 譯註:這個德文「Charakter」等於英文「Character」。

character of a person」（該人的性格）的，但兩者卻經常相互貫通，並且在使用時可以互換，譬如，當我們所思及與朝向 persons 而行動之時，所根據的即是他們的 character。那原有的差異有時就會在日常用語中出現，譬如：「今天的我不是我自己。」（意思是：今天我的思想和行動「頗與我的性格不符」）

在佛洛伊德思想中的這三個概念，其淵源依序是：「ego」（1895）—「character」（1905a）和「self」（1914）。本文就會依此次序來加以處理。

在此必須強調的是：這二個概念意指著人的整體，因此分開來談就不能完全理解其間的相互關係，以及各自與整體的關係。在最後兩節中，以上的這些交互關係都會合起來再做個推敲。筆者希望，這樣的討論能有助於解釋，為何像佛洛伊德這般一絲不苟的作家和思想家會選用同一個語詞「Das Ich」來指稱這麼不同的兩個概念。

THE EGO 的理論

對於佛洛伊德的系統結構 ego，已經有不少人對此做過很好的處理（譬如 Hartmann, 1939, 1964）；（Hartmann et al., 1946）；（Loewald, 1951）；（Gill, 1963）；（Arlow & Brenner, 1964）；（Rothstein, 1981）。然而這個概念仍然廣泛地受到誤解，連精神分析的圈子亦然，而既然佛洛伊德的自我理論不能單從他的 ego 理論中把捉，因此我將提供扼要但完整的說明。

這個 ego 理論的第一命題可在他的遺作，亦即〈科學心理學的方案計畫〉一文中找到；事實上我們正是在此發現了佛洛伊德最完整的處理。因此這份手稿即成為理解佛洛伊德 ego 理論不可或缺的起點。

不過，使用這份文本必須很小心。首先，〈方案計畫〉一文乃是企圖整合神經學與心理學的理論。於是 ego 的呈現就是既為生理的也是心理的系統，而前者的面向獨霸了這裡的語彙。這種整合的企圖很快就被他自己放棄了，而自 1900 年起，他已經說得很明白，他對於心靈結構與歷程的種種理論必須拿純粹的心理學來理解。（在心靈與身體之間有密切且內在關聯的觀念當然是核心的，但在 1900 年之後，佛洛伊德對此主題的發展採取的不同方向，是經由他的驅力理論。）〈方案計畫〉一文立論有據，並且跟純粹的心理學理論完全相通，而當我們要用它來照亮他的後期思想時，這種意謂尤當守住（Friedman & Alexander, 1983）。在使用物理理論來陳述時，只能視之為一種隱喻；譬如

「心靈之能量」意指的是「心靈投注的強度」或在許多文脈中就是指「欲望的強度」[6]

在面對〈方案計畫〉一文時的第二個警告乃是：此文並非佛洛伊德的蓋棺論定之作。他的成熟理論包含了許多重要的新觀念，以及對於原初的陳述作了一些顯著的修正。

〈方案計畫〉是建立在三個基礎概念上，這些在佛洛伊德的思想中自始至終都是維持一貫的。第一，心靈乃是個行動的系統：亦即所有的心靈活動都是有動機的，用所有的描述及解釋來說明何謂心，就必須用到這個動機。這就是它的意思，也就是所有的心靈決定論（psychic determinism）原則之所謂（1901a, Ch. 12）。第二個概念乃是動機容許有一定程度的大小變化：衝動總是或緊或鬆，欲望總是或強或弱。所謂「心靈能量」只不過是指「衝動或欲望的強弱」。第三個概念是說欲望可以釋出為活動（亦即活動會經由滿足而減弱欲望的動機）或者將它轉變為其他的（種種）欲望。在後者的情況下，動機的總量並沒有改變。這就是經濟論的原則（見上文註6）。

人類的行動始於外源或內源的刺激，由茲湧生了一股心靈的張力，這動機可理解為來自無形的衝動與連貫的欲望之間所形成的連續體之某處，會形成一個特定的活動，很可能關聯於某一個

---

[6] 原註：為什麼我們不採用量化取徑來說明純粹的心理現象，因為沒什麼一貫的理由可說，譬如像當代的功利論，也就是源自馮諾曼與摩根斯登（Von Neumann & Morgenstern, 1947）的作品所明顯表示的那樣。有個廣泛傳播的信念，說佛洛伊德的經濟論中出現的量化元素必然隱含著物理論的詮釋，但這完全是出於誤解。

特定的存有。[7]在〈方案計畫〉中，這種心靈張力（做為衝動或做為欲望）乃是由刺激引發的生理能量轉化而來。後來就變成了「心靈再現物」（這是個函數概念），屬乎身體的需求或生理上的困擾（1915a, pp. 121-2）。

行動有兩種基本類型，謂之初級與次級歷程。這種區分後來用心理學的語彙作了更明晰的陳述（Freud, 1911），但最完整的說明還是要看〈方案計畫〉。

在初級歷程中，刺激以心理狀態快速連結的形式所產生的心靈活動會引發機體活動，這可以理解為對刺激的反應。透過一套制約歷程（即「促發」的演化），這個反應可具有廣泛的調適性（見 pp. 297-302, 312-314, 324-327）。初級歷程受到「快感原則」的管轄，意思是說，刺激產生了不快的（苦的）心靈張力，其形式乃是衝動或欲望，隨之而來的機體活動會透過滿足欲望而將張力釋放（pp. 324-327）。初級歷程最適於處理外源刺激，其方式是利用消除或避開刺激來源而得以選擇性地處理（p. 397）。其典型刺激乃是對於險境的感知，而用來釋放張力的機體活動乃是某形式的對抗或逃避。

在初級歷程中，其心靈狀態不能夠立即將能量釋放為機體活動，它就會馬上將自身轉化為另一種心靈狀態，之後又另一種，如是如是。每一種新的狀態都具有的特色，胥在於較低層次的張

---

7 譯註：「某一個特定的存有」（a specific being），在此並沒有很特別的哲學指涉。簡單的理解就是指「某一個特定的人（物）」。

力（譬如較為不苦）；新的心靈狀態尤其會是在轉化中最為易得的不苦者。因此，快感原則所統轄的不只是外顯的行動，還包括一連串的思想在內。在初級歷程中的心靈系統乃是一組在刺激與心靈狀態之間，以及在心靈狀態與機體活動之間的轉化關係，這些都由快感原則所統轄（pp. 295-298）。當刺激缺如時，思想與機體活動兩者都會停止（此即為「涅槃原則」）（pp. 296-297. 引號中的這個用語本身，在 [1920 p. 56] 之前並未出現。）

佛洛伊德認為初級歷程較適於處理外源刺激，而非內源刺激。前者可由制約而生的對抗或逃避組型來組織，但後者，譬如說飢餓或性的張力，其所需的典型活動是建立在一套跟某人的特殊關係上，而只有那人能夠滿足其需求（p. 297）。這種「特殊活動」需要不同種類的心靈歷程（次級歷程），在其中主要的角色是由心靈中特殊化的次系統來扮演，而佛洛伊德，在 1895 年以及 1920 年之後，就稱之為「ego」（他的原文是「Das Ich」）。

Ego 的特色在於它是心靈狀態的一個特殊種類。佛洛伊德理解此一心靈狀態乃是一種對於某一對象的「投注」（investment, 即上文提到的 'Besetzung'，在英文中通常都被不當地譯為 'cathexis'）。初級歷程的種種投注都是「動態的」（mobile）或「自由的」，其中意謂乃是：它們都已是有備而來，隨時能轉換成另一個對象（有時是正好相反的對象），即跟其他的投注結合，或分解成一個以上的投注，等等：好比說，它們都從屬於誤置、逆反、濃縮、分裂，等等——這全都歸於快感原則的統

轄（pp. 312-319）。與此相反的種種 ego 投注，其典型乃是「受約束」，亦即都穩定地投注在各自的對象上。由於有這樣的約束，ego 才能夠蓄積心靈能量，形成一個投注的庫存，可以選擇性地抽取來動員心理活動，即便在直接刺激缺如之時，或獨立在刺激之外（pp. 297, 323, 368）。通過處理「現實的指引」，這個系統獲取了認知與記憶的資訊，它由此而得以從投注庫存中抽取，來調節整個心靈系統的活動，而其途徑是促進某些轉化（pp. 330-364, 371, 376-378），以及抑制其他的轉化（pp. 323-324, 370）。簡言之，快感原則就被現實原則（reality principle）所取代。

在此必須強調：當整個心靈的活動受到 ego 次系統的某種調節時，亦即次級歷程運用到心靈系統時，乃是一套整體（pp. 324-327）。

Ego 讓人能以穩定的主體或行事者來行動，能夠形成連貫的目的以及承擔起這些行動，正如可以理解為由該目的所引發的動機。只有經由 ego 的活動讓人可以成為一個「人」，意思是具有一個獨一無二的人樣。當一個人說「我這樣想」，「我要那個」，「我這樣做」時，其中所說的「我」，如果沒有 ego 的話，就不會有「我」。誠然，正如佛洛伊德一再堅持的，這個人一定大於這個 ego：並且要大得多。在 ego 之外（非「我」）還有一整片大陸。佛洛伊德掀起的哥白尼式心靈革命，使得曖昧的 id，而非 ego，成為「我們的存有之核心」（1940, p. 197）。但以經驗來說，日常語言中有意識的「我」，其核心則是在系統結

構中的 ego。我認為，這就是為什麼佛洛伊德會選用「Das Ich」這個字眼，以及為什麼在他書寫中的用字能夠從術語到家常話之間如此輕易流動的緣故。

　　跟佛洛伊德的晚年定論作個對比的話，〈方案計畫〉中的 ego 不是結構中的一個分區，縱然它事實上可與腦中的特定區域等同。克恩伯格（Kernberg）曾經強調，心靈中主要的結構線條是由壓抑所劃下的，然而這個核心概念在〈方案計畫〉中只有輕描淡寫的暗示。其完整的發展當然是到了《釋夢》（1900）才做出來。壓抑把心靈系統割分成兩個不同的「行事者」，即意識 - 前意識（Cs-Pcs），以及動力的無意識（Ucs）。**Cs.-Pcs.** 系統乃是〈方案計畫〉中的 ego 之繼承者，並且展現出其所有的性格特色：受約束的投注，機體活動的調節，感知，現實的掌握，等等。由於 **Ucs.** 已從 **Cs.-Pcs.** 中分割出去，因此，和〈方案計畫〉相反，心靈的主要分割就會對應於初級與次級歷程的區分，確實地，佛洛伊德的許多討論看起來也支持了這個結論。不過，事實上，事情沒有這麼簡單。當我們用兩個拓撲學的行事者來檢視此區分的基礎時，其複雜性就會浮現出來，在其中，很弔詭地說，心理歷程並不仰賴於意識，而是根植於心靈投注[8]的本性中。雖然基本概念在〈方案計畫〉中已經都發展出來（pp. 365-370），但在佛洛伊德的已出版的作品中除了浮光掠影提到一下之外，就要等到 1915 年的論文〈無意識〉（'The

---

8　譯註：此處刪去括弧中附加的一字「cathexis」。

Unconscious'）。他在其中關於此事最仔細的陳述如下：

> 我們在可允許的範圍內所謂的「對象的有意識呈象」，現在就會分裂為**語詞**的呈象及**事物**的呈象；後者包含了投注，如果不是事物直接的記憶意象，至少是從此導引到這些的記憶軌跡中。我們現在似乎立刻明白了，在意識與無意識呈象之間有什麼差別。……有意識的呈象中包含了事物的呈象加上其中所屬的語詞呈象，同時的無意識呈象乃只有事物呈象而已。**Ucs.** 系統包含了對象的事物投注，亦即首先也是真實的對象投注；**Pcs.** 系統是透過對應於此的語詞呈象之連結，經由過度投注的事物呈象而來。我們可以假設，這樣的過度投注會帶來較高級的心靈組織，並使得初級歷程可能由 **Pcs.** 系統中佔優勢的次級歷程來接手。然後，我們也站穩了立場，可以準確地說，在傳移神經症中被壓抑所否認的，亦即被拒絕的呈象是什麼：原應黏附在對象上的東西，被拒絕呈現的乃是將它翻譯為語詞。但凡有個呈象不能表之為語詞，或是一個心靈的動作不能受到過度投注，就會從此在 **Ucs.** 之中停留在壓抑的狀態。

這段文字所顯示的就是我們在此所說的區分，也是當代心靈哲學中所熟悉的所謂**語文的心理歷程**與**非語文歷程**之別（e.g. Churchland, 1980）。誠然，「語詞呈現」看來似乎有點狹隘，

但佛洛伊德在此後的討論講得很清楚：他是採用了任何語言學符號化之中最廣義的意謂（192, 3 pp. 20-21; 1940, p. 162）。**Cs.-Pcs.** 的心理活動（後來稱為 ego 活動）其實就不過是用語言來思考，[9] 並且 **Cs.-Pcs.**（和後來的 ego）也只不過是把心靈的語文思維歷程理解為一個系統罷了。

事實上把 **Cs.-Pcs.** 拿來跟 **Ucs.** 做為相對的區分，就是基本上在語文與非語文的心理活動之間造成區分，會為拓撲學理論模型帶來最嚴重的難題。首先，每當壓抑不起作用時，其中就意味著非語文歷程可變成有意識。我們在此照見了一個二律悖反，叫做有意識的無意識。佛洛伊德對此問題的處理是這樣說的：在此發生的事情就是非語文的投注透過用話語說出（put into words）而得以變得有意識：也就是透過語文表達。由此就有可能主張（他就是這麼做的）：要嘛無意識就是永遠不會變成意識（由於它是非語文的），再不就是無意識確實可變成意識（當你能把它轉譯為語文的形式）。也許這樣一來就把事情擺平了，但其中還有更為棘手的難題，而佛洛伊德到了 1915 年才開始關切，並且最終導致他放棄拓撲學理論模型。

難題的來源就是事實上有兩個審查（壓抑）的層次存在。早在《釋夢》之中佛洛伊德已經指出：除了初級的審查之外，也就是無意識的投注受到防堵不能形諸語文因此也不能變成有意識，

9　原註：佛洛伊德把 **Cs.-Pcs.** 和後來的 **ego** 活動與語言歷程等同起來，似乎怎麼講都太狹隘。建議使用更為廣義的範疇來理解，即符號的心理活動，語言在其中雖然重要，但絕非唯一的事例。

還有次級的審查也在否決前意識思想,不使觸及意識(1900 pp. 615-616)。壓抑的歷程本身,加上大部分前意識的防衛活動,通常都是由次級審查來阻斷其意識的,由此我們才碰上了一個弔詭(現象),即動力性無意識的前意識。[10]

這個次級審查的結果會在我們發現此難題的弔詭性質純粹來自用語本身。由於心靈的基本區隔既不仰賴心靈歷程與意識的關係,也不靠初級歷程與次級歷程之間的分別,[11] 反倒是在於心靈活動中的語文活動與非語文活動之別,而只單純是把兩個系統誤名的結果——即稱之為「意識-前意識」與「無意識」。吉爾(Gill, 1963)已經指出:最終的系統理論不必起於修正佛洛伊德堅實結論之中的不足之處,而只是需要把這些結論講得更能互相連貫些。

在《超越快感原則》(1920)一書中,有一段高度受惠於〈方案計畫〉的討論,佛洛伊德讓「ego」一詞復活,用來指稱心靈活動的語文系統,此系統乃是次級歷程以及人之做為行事者的根源。而「id」一詞則首度引入,用來指稱心靈活動的非語文系統。(我們在此再度看見概念術語是奠基於常識上的體驗,也就是說,它們在[間接地]通往意識之途上,「id」的

---

10 譯註:前意識通常和意識連在一起,及上文所謂的 Cs.-Pcs. 系統,但這裡碰上的是更接近於無意識的前意識,因此,這兩種前意識構成了一個弔詭(現象)——「現象」一詞為譯者所加,意思是這不只是弔詭的語言,而是一種弔詭的意識現象。

11 原註:這個要點常受忽視,但有識之士諸如吉爾(Gill, 1963),舒爾(Schur, 1966),謝佛(Schafer, 1968)等人還是看得出來,並予以強調。

衝動很典型地被體驗為異己者 [非「我」]。）這個最終的系統理論由後續的幾部作品予以發展和詳述（最重要的是 1921），（1923），（1926a）。在 id 及 ego 活動跟意識之間的關係，以及它們跟初級歷程與次級歷程間的關係，現在可以不再有用語上的混淆。我這就來扼要地說一遍：

在 id 中的衝動得以成為有意識，其唯一之途就是能夠變成話語，亦即只當它受到語言的高度投注時。在那情況下，兩套投注就會串聯起來，以致在 ego 和 id 之間的分工（但非區分）就不見了。Ego「併入」id 之中。Id 的投注變得跟對象綁在一起，因此打開其接受調適之途。與此同理，ego 也在為 id 而表達並且服務。次級歷程的運作穿越結構的界線，正是因為：在壓抑缺席的時刻，也就沒什麼結構的界線了。

反過來的歷程之存在會受到注意，雖然佛洛伊德本人對此很少強調。不只是 id 可參與次級歷程，正常的 ego 歷程也可同時展現初級歷程，譬如說，在白日夢與詩之中。[12] 誠然，隱喻本身在語言中是如此基本，而在創作中是如此重要，其使用就都包含著初級歷程。（在此，享樂原則是**為**現實原則**服務**的。如羅騰堡 Rothenberg [1979] 曾說過：對於隱喻的創意使用才能對現實有個更新也更好的掌握。）

壓抑把這個圖景作了劇烈的改變。把語文的表達割除，於

---

[12] 原註：正如佛洛伊德所指出的，當初級歷程意念之間的串聯被意識到時，才使得笑話那麼好笑。

是也割除了 ego 的影響，id 的衝動完全根據初級歷程來運作，一道明顯的結構界線在心靈活動中浮現，此界線是沿著 **Cs.-Pcs.** vs. **Ucs.**，以及初級歷程 vs. 次級歷程，語文 vs. 非語文向度之間的邊界劃出來的。這個圖景被第二道審查弄得益發複雜，在其中 ego 的語文活動受到壓抑。佛洛伊德因此才說：大部分的 ego 在此情況下成為動力上的無意識（1920p. 19）。無意識的 ego 典型地顯現了初級歷程，在其中與正常意識的初級歷程相反，有可能會干擾次級歷程的調適功能。如同佛洛伊德所說，ego 不再是他自家的一家之主。從另方面來看，受壓抑的 ego 活動持續被綁在本有規律的 id 活動當中，這是山德勒與那格拉（Sandler & Nagera, 1964）的看法。在此我們就有了動力無意識次級歷程活動的顯例。

人的性格發展

佛洛伊德對於人的性格之本質與始源的理論，第一階段的主要內容是寫在〈性學三論〉（1905a）以及〈性格與肛門性慾〉（1908）。此兩文將在本節中討論，至於對此主題後續發展的處理則留待下文。

在〈性格與肛門性慾〉中，佛洛伊德討論了一種類型的人，他「特別守秩序，極為節儉，並且很頑固」。「這每一個字眼，」他說，「實際上都覆蓋著一小群或一系列內在相關的性格特質，」更且，「這三者在某方面都是相互依屬的。」（p. 169）。佛洛伊德在此把性格處理為一個症候群，其中包含相互關聯的特質。

這些特質相互依屬，他繼續說，因為它們都具有從性本能中冒出來的基本傾向。「這些性格特質，即守秩序、節儉、頑固……都可視為第一個也是最恆定的肛門性慾之昇華的結果」（p. 171）。他在末尾以一段討論來作總結：

> 性格的終極的型態乃是由一些驅力的成分所形成：永恆的性格特質要嘛是原初驅力不變的延長，要不就是那些驅力的昇華，或是針對它們的反向形成（reaction-formation, p. 175）。

這篇短論本質上是《性學三論》中某些材料的運用。由於一

個人的性格中主要的成分是由性傾向衍生而來，佛洛伊德在這些論文中對於性本能演化的本質所做的說明就為性格本質與始源的理論提供了基礎。將此理論作成精簡的綱要，如下：

一個人的性傾向之發展乃是由內在的性趨勢與「偶然的」環境影響互動而成（pp. 238-240）。在基因上給定的因素本具有生理上和心理上的成分。在生理上，性事一定包含了一套系統的生理歷程、張力，以及若干性能，其中心指向就是身體上的若干性感帶（erotogenic zones），經受著基因決定的發展，最終達成的乃是成年人在性交與生育上的能力。

佛洛伊德相信，就心理學而言，所謂基因給定乃是無定型而有意願的某種奮進，沒有焦點、沒有對象。心理發展的階段——口腔期、肛門期、到性蕾期，然後是潛伏期，最終到達性器期，且與此同時也有個併隨進程，即從原始的自體性慾到真正成年的對象選擇——從生理發展的路線來看，這些都很適當也很自然，配合著穩定社會組織的終極需求，以及物種的永久存續。不過，個體人跟這條心理發展路線之間的協商就總是很不確定，並且困難重重，就算環境條件是有利的，也仍難免如此。

性格在正常發展上所遭遇的難題，及其所產生的各種各樣可能結果，乃是從發展歷程的本質中冒出來的，雖然其基礎是由基因決定的生理成熟，但它就是無法順利地從一階段進展到下一階段，反倒是會在退行與進展之間搖擺。在每一階段的某一點上，由力比多引導的行動變成衝突。結果性衝動變得一部分乃至全部受壓抑，然後就會倒退回到較早的階段。佛洛伊德使用的是

河川堤壩後面所積的水流，在沒找到其他出口時的倒流景象（p. 232）。

這樣就會出現三個可能的結果。其一，性衝動黏著在早先的階段。其二，性驅力可能找到另類的間接出口，且可能只是遠遠地與性事相關，但無論如何相當表現出了性格中的退行階段。其三，性衝動可能會轉向新的發展層次。所有這三種後果在典型上會隨之而起的，在很高的程度上以及很廣的可能形式上，是要靠此人在當下所面臨的特殊心理狀態，以及特殊處境而定。這些階段在時間中綿延而成的最終結果，在人與人之間形成極寬泛的變奏曲目，各自帶有特殊的型態、結構、以及行動取向，亦即有各自形成的性格。

在此必須強調：「性格」是個概念，與結構分化交叉而過，後來就會由 id-ego superego 的分化來重新引介。誠然，性格特質的分化可能是相當不同的一回事，甚至與此完全相反。譬如說，在無意識層次的 id 活動上，一個人可能有強烈欲望想要攪弄糞便，然而在意識的（ego）層次上，同一個人可能對於乾淨是極為苛求的。但佛洛伊德的要點在於：在肛門性慾的性格中，其第二種特質乃是對於第一種特質的反向形成，亦即它們都是同一種基本性傾向的表現。在性格底層的種種因素會運用並把整個人組織起來，成為一個主體。[13]

---

[13] 譯註：「整個人……成為一個主體」，在佛洛伊德的語言中常有這種用法，這裡舉一段為例：「我們常常忽視焦慮有其歇斯底里症的第一期過程，並且很可能真的跳過了；不過，在仔細觀察之下，還是可以清楚地區分出來。此

以佛洛伊德思想的後續發展來看，《三論》中所描繪的圖象是不夠完整的。其中有後來出現的驅力理論，把性衝動劃分為力比多與攻擊性的成分，以及提出對象關係的理論，並且追溯認同作用及其結盟的歷程在性格形成中所扮演的角色。這些後起的理論（當中有些會在下文中討論到）把這個理論圖象變得相當複雜，但並未推翻《三論》中對於性格本質以及本能在其形成中所扮演的角色之基本概念。

　　焦慮中包括**主體**顯得不知道自己在害怕什麼。」（〈無意識〉，標準版，頁182；宋文里譯《魔鬼學》，頁46。）

補充:「意向的對象」之觀念

到此為止,我在處理佛洛伊德關於人做為主體的理論,包括 ego 做為人主體的一個特殊化的次系統,以及性格做為人主體的結構與活動傾向。我希望接下來要轉往人做為對象(按:即「客體」)的理論,特別是轉往把「self」(就是「Das Ich」的第二個主要意謂)當作心靈投注的對象。我的核心論點是說:這個「self」必須理解為「意向的」對象,其中這個名詞的意謂都是在當代心靈哲學中的用法。因此首先要解釋何謂「意向的對象」。

此概念是來自法蘭茲・布倫塔諾(Franz Brentano, 1874, 1930)的思想。他主張「心理的」和「意向的」乃是同義詞(加上引號是為了在下文中指出,此詞乃是一個特殊的術語)亦即心靈乃是一個「意向」狀態的系統。這種狀態的特點在於它們都是「屬於」或「關於」某事物。「意向的」狀態之「對象」即是此狀態所屬於或關於的事態。[14]「意向的」狀態會以多種模式發生,亦即感知、記憶、欲望、信念、恐懼,等等。因此,譬如說,人可以感知到一間屋子,記起一間屋子,想要一間屋子,等等,也就是說,一間屋子可以成為多種模式的「意向」狀態之對

---

14 譯註:「某事物」在「屬於」或「關於」之下,其要點一定會變成「某事態」,而不再只是「物」。因為「意向的」是個動態過程。它的對象就是「事」而非「物」。在德文中,「事」= die Sache;「物」= das Ding。既然中文也能有此差別意謂,我們就該把它講清楚。

象。

在佛洛伊德的「心靈投注」（Besetzung, psychic investment or cathexis）與布倫塔諾的「意向狀態」之間的相似性，到此應該已經清楚了，因為在種種心靈投注的脈絡下，佛洛伊德包括了欲望（力比多與攻擊性的兩種）、感知、記憶、以及信念（認知狀態）等。其間的差異應是在於佛洛伊德的量化取向，以及他不願將情感處理成全方位的心靈投注。

至於布倫塔諾，心靈的對象本身（整體而言）並非全然屬於心靈的。譬如，假若有個人看見一匹馬，則看見的馬是個物理上存在的馬，而非馬的概念或形象。這匹馬與概念或形象之不同，在於牠有質量、空間的展延；牠具有物理上真實的馬蹄、馬尾，等等，而非只是想像。事實上當人看見馬時，有個複雜的歷程發生，但此歷程並非所見的馬，而是讓馬得以成為感知對象的媒介。

總之，有必要區分「意向的」對象與實際的對象。譬如，假定有個人記起一棟屋子，布倫塔諾的觀點是說：記得的屋子是物理上存在的屋子——它有磚瓦木材，佔有空間，等等。但它原則上跟實際的屋子並不完全等同，記憶只是運用來觸及該屋子。首先，記憶當然是不完整的。實際的屋子永遠都會帶有一些不包含在記憶當中的特徵，譬如整棟屋子的地下樓層。其次，記憶可能是不準確的，譬如記憶中有一扇窗，在實際的屋子裡卻沒有。

在「意向的」與「實際的」心靈對象之間的差異製造出了一組哲學上的難題，就是關於此兩者之間的差異與關係。在這話題

上已經累積出汗牛充棟的文獻，本可高度協助澄清其間的差異，但布倫塔諾卻未充分予以引用。（文獻探討，可參閱 Hedwig 1979）。

另一個重要的差異，布倫塔諾只是輕描淡寫帶過，然而晚近的論述則已經作了澄清，那就是在「意向狀態」的對象與其「內容」之間的差異。「意向狀態」的內容是心理的，用以表現此特徵的語彙有諸如「心象」、「概念」、「觀念」、「心靈再現」，等等。「意向狀態」的對象就是在某種意謂上由這些建構而成的心理內容所定義，但它本身並非心理的，至少不可說是像觀念或感覺那樣屬於心理的。（Aquila, 1982）；（Smith, 1982）

以下三個詞彙：「意向的」內容、「意向的」對象，以及實際的對象，其間的關係也許可用 種類比來說明。意向的內容可比作一組建築物的藍圖，意向的對象可比作由這些藍圖所定義的建築物，它可由嚴格遵守藍圖而進行的建設來使之成真，至於實際的建築物（實際的對象）則至少會稍微有偏差，乃至嚴重偏離藍圖的定義。

再用另一個例子，「貝多芬的第三交響曲」可以指：（a）一組在貝多芬或一位正在閱讀曲譜者心中出現的心理再現（這是意向的內容），或者，（b）一套由小提琴、法國號，等等所產生的聲音，正如曲譜所定義的那樣（這是意向的對象），或是，（c）該作品實際的演奏（這是實際的對象）。要點在於，做為意向的對象，貝多芬的第三交響曲，其主要的意義既非一組在某

人腦子裡的觀念，也非該作品的實際演奏。

本文在此處所爭論的要點在於：方才所呈現的那些概念與詞彙，可讓我們能夠將佛洛伊德的一些比較艱澀、困難的觀點得以做清楚而連貫的陳述。尤其在於，心靈投注的對象就可用意向的對象來理解，也就可由心理活動所建構的對象，以及其所指謂的實際對象中區分出來。最可能的是在布倫塔諾與佛洛伊德兩人之間的觀念相近與相稱之處得以顯露出來，因為前者影響了後者之故。[15]

總而言之，在此必須強調：所謂「意向的對象」就意指「投注的對象」，亦即感知、記憶、信念、欲望、恐懼、愛恨等等的對象。

---

[15] 原註：在此必須註明，佛洛伊德有好幾次說過：心靈投注的對象總是心理的呈象（Vorstellung）。嚴格說來，這是不正確的——心理呈象不是物體對象，而只是跟對象有關。但在此必須重申：他是跟隨著布倫塔諾，然而布氏本人在這一點上也並非完全清楚。不過，下文還會釐清：在他的主要文本中，佛洛伊德把心靈投注的對象都處理成嚴格意義下的「意向的對象」。

Ego 做為對象（THE SELF）

雖然系統 ego 理論的大部分在 1895 年已經出爐，但是要指稱這個心靈的次系統所用的字眼「Das Ich」卻從未竄入佛洛伊德出版的作品，或頂多只像浮萍般漂過一下，直到 1920 年。不過，從 1914 年起，這個字眼頻頻出現，卻用來指稱跟系統 ego 相當不同的概念。[16]

論自戀症的論文

〈論自戀症：一則導論〉[17]（1914）是一篇不易讀甚至有時還偏向曖昧的作品，在其中佛洛伊德引介了好幾個主題，在後來的作品中才能找到比較完整或充分的表現。在這些難懂的用語當中有一個特殊的關切：事實上「ego」（「Das Ich」）一詞有三種截然不同意謂的用法，並且跟後來的系統 ego 也都不一樣。

在此文中，佛洛伊德引介了自戀症（narcissism）一詞，意指「ego 的力比多投注」。在此，我們看到的是在心靈投注的動

---

16 原註：在 1914 年以前，「Das Ich」這字眼偶爾會在佛洛伊德出版的作品中現身，總是像日常語言那樣，指的就是主體（主格）的人。（譯按：「我」的第一人稱）。有幾段文字看起來像是在預告結構的 ego，特別在 [1901b, pp. 679-680] 以及 [1911, pp. 222-224]，但就算在此，其最主要的所指仍是日常語言的意思。

17 譯註：Narcissism 除了在字面上譯為「自戀症」之外，也可省去「症」，只稱為「自戀」，因為，依照佛洛伊德的意思，這是一種幾乎無人可免的病理現象，可視為非病理的正常狀態，所以他說：「一定程度的自戀，有很正當的理由可歸之於天下的每一個生靈。」

作中做為對象的 ego，而非做為主體的 ego。我們沒看到他對這個「ego」提供任何定義，只能繼續往下，看到他的討論，才弄清那是怎麼回事。他說：「根據自戀型來說，一個人會愛上：[18]

a. 他自己所是者（即他自己），
b. 他自己之從前所是者，
c. 他自己可能想要成為的人，
d. 曾經是他自己之一部分的某人。[19]（p. 90）

對於佛洛伊德在此上下文中所作的討論，以及前此所引介的差異，我把這些段落的意思整理如下。

第一，要注意，所愛的是人，而不是人的再現物。這是佛洛伊德在處理對象關係時特有的筆法。哈特曼（Hartmann）也把自戀症定義為對於「the self」的力比多投注（1950, p. 127），後來他認為比較妥當的說法應該是對於自我再現（即呈象）的投注

---

18 譯註：以下表列四種類型愛的對象，是根據佛洛伊德的原文。在此為了更清楚表現本文的宗旨，作者把表列的每一條都附加了德文的原文。這四條德文原文先附註如下（見德文全集，p. 156）：
a. [was man selbst ist (sich selbst)],
b. [was man selbst war],
c. [was man selbst sein mochte],
d. [die Person, die ein teil des eigenes Selbst war]
19 原註：我們在此看見佛洛伊德很罕用的「Das Selbst」（譯註：即 the self，而非 'I'）（亦可見 1930, p. 65 [G.W. p. 423]）。

（1955, p. 231）。但是，正如上文已經說清的，第一種版本才是正確的，除非用「自我的再現」來指意向的對象——事實上確是如此，這在某些處理此議題的作品中可以看見，譬如山德勒及羅森布拉特（Sandler & Rosenblatt）〈再現世界的概念〉（'The concept of the representational world', 1962），我們有可能為此重新下標為〈世界做為意向的對象〉（也可參看 Eisnitz, 1980; Rothstein, 1981; Kernberg, 1982）。

第二，這個所愛的人就是自己，包括幾種版本（自己所是、從前所是、想要是）。但第三，在（b）、（c）、（d）的狀況下，愛者和所愛的人顯然不同。一個人之所是不同於他曾經是，可能是，或從前自己所是的一部分。雖然如此，這樣的投注仍屬自戀。所以，看起來，投注的對象既可是自己也可為非己。（你必須牢牢記在心裡：所愛的仍是一個人，而非一個人的觀念。）

上述的諸概念與詞彙，既已發展出來，就足以使我們輕易對付看起來很顯然的弔詭。在每一種狀況中，意向的投注對象乃是一個人的自身：即人把自己做出來的樣子，因此不同於實際上的自己。誠然，吾人必須對這一點有所堅持，即當人之所愛是「人自己」（sich Selbst）時，因為正如記起來的屋子不可能完全等於在記憶中那棟實際的屋子一樣，因此，所愛的自己也不可能等於正在愛著的人。[20] 經常有人提到用「萬鏡廳」那樣弔詭的交叉

---

20 譯註：這種差別在原文中非常明顯：the loved self 不等於 the loving person。即 loved 和 loving 的被動態與主動態，中文所無的語法，在原文中可輕易表出。

反射現象來比喻的自我反思，也因此就是個錯覺。當我想起我自己時，那個想著的「我」就是不同於被想到的對象「我」（the self），因為要使兩者等同，那就需要完整無缺的自我知識，而那已經無限地超越了人類的所能。

第四，當意向的對象總是某種版本的我自己，但實際的對象卻可能是他人，亦即像（d）的狀況所示。對於自己的孩子所表現的自戀愛就可用來定義那種意向對象之所投注正是自己，雖然其中實際的對象是自己的小孩。（這裡的觀念正是寇哈特（Kohut）對於對象（自客體，self-object）以及自戀投注的「標的」所作的區分，見 Kohut, 1971, pp. 26-27。）

第五，正如佛洛伊德在接續的討論中所釐清的，在（c）的狀況中，投注的對象乃是「他自己可能想要成為的人」，這就引發了一個可能性，即人自己可能透過現實的自我感知而意識到，一廂情願的自我和實際的自我並不對稱。對此，佛洛伊德表示：人有可能興起一種慾念，想讓實際的自我（ackluelle Ich）和理想的自我（Idealich）拉成等同。（主要的討論見標準版 pp. 93-95，德文全集 pp. 160-162）

綜而言之，如我所希望對於這段文字所作的分析已經釐清的，在自戀症中，投注的對象永遠都是意向中的自己：亦即人（做為主體）之所「意向」（所相信、所記得、所願望）的本身所是。實際上的投注對象則可能是人自身，或是他人。

在〈論自戀症〉一文中，佛洛伊德區分了兩種類型的自戀，

即初級與次級。兩者都不可與嬰兒期到幼年期的原始「自體性慾」（auto-eroticism）相提並論，他說，因為自戀乃是對於自身（Das Ich）的力比多投注，而在生命的這個早期階段，自我（self）尚未發展出來（pp. 76-77）。

　　這一段相當隱晦的註記已經在上文所推進的詮釋予以解說過了。在原始的自體性慾階段，人有可能在跟自己身體的關係中獲得享樂體驗，而此體驗中也可以有心理的內容，即可記得並可加以追求的，等等，但一個具有連貫與相對穩定形式的意向對象則尚未出現。要發展出像這樣的對象需經由語言的（高度投注的）歷程來將心靈能量綁定，而此投注的心靈內容也需組織成至少近似於連貫的整體。簡言之做為對象的 ego（即 the self）之投注至少預設能夠發展出極少量做為主體的 ego（即系統的 ego）[21]。原始的自體性慾是跟自身的力比多關係，而這關係是發生在此一發展出現之前。[22]

21　譯註：「系統的 ego」在本文中有時會省略文法上似乎必要的中間那個「的」字，而成為更像名詞的「系統 ego」。

22　原註：剛才討論的這段（1914, pp. 76-7）可以跟後來的段落（1915a, pp. 131-132）劃入同一範圍，佛洛伊德由於指出自體性慾會在 the self 形成且受到投注之時的逐漸轉變，而認出自體性慾會轉為自戀。當對象在演化之中，投注的本色則維持不變。因此就可說：自體性慾乃是在 the self 出現之前，自戀所採用的一種形式。譯註：上文提到「至少預設能夠發展出極少量做為主體的 ego」，這是在說「自戀所採用的一種形式」之中的「採用某種形式」就必然需要預設有主體的行動。這應是指一個人在面對其對象的演化之時，所產生的一種語言投注現象：要用某種形式來把對象框住，即主體至少必須能稱對象之名。

接續原始自體性慾的發展乃是初級自戀。初級自戀的特色，佛洛伊德指出（pp. 90-91），就是當投注的自體對象已經形成時，其內容尚未能分明出來，以截然有別於整個世界。受投注的自我在體驗中應是「創造的核心」，是全能的、不朽的、並且無所不包（p. 91）。

　　相對於此，在次級的自戀（即自戀本身）之中，有個相對清晰的差別存在於 the self 跟做為意向對象的他人之間，這就得以建立起自戀型的對象關係與依附型對象關係之間的兩極性（p. 90）。

　　The self 乃是力比多投注的原初並且主要的庫存。依附型的投注透過這個自戀蓄水庫的分化或誤置而得以興起。佛洛伊德說：很重的依附型投注會導致「ego 的弱化」，這個用語被使用過多次（pp. 88, 98, 100），但他不是指系統的 ego，因為是壓抑的作用而非依附型的投注，把 ego 的資源抽乾。[23]

　　交織在這篇作品所處理的自戀（症）當中，有一段談到本能的本質，我們在其中看到「ego」一詞有第三種意謂的用法。佛洛伊德小心翼翼但也非常頑固地往下推論出這樣的觀點：我們無法只用單一的力比多本能來說明人類的全面性格與行動，正如先

23　原註：在本文中有個難纏的用語，「ego 的消耗」，這個概念竟是用在後者（透過壓抑的投注把系統的 ego 抽乾），佛洛伊德是這樣寫的：「當力比多受到壓抑時，此種情色投注感覺起來就是 ego 的嚴重消耗」（p. 99）。這段文字是後來的（以及早先的）系統 ego 之伏筆，即使「ego」一詞在其日常用語的意謂中正是指一個人的有意識主體，亦即一個人在強烈的依附型力比多投注之下，會感到空虛而不能愛自己或愛他人。

前的《三論》就隱含有此意。他論道：在此之外，有必要提出另一種「ego 驅力」，即自我保存的本能。力比多驅力的生物功能乃是要維持物種的永續生存，而 ego 驅力要維繫的則是個體這個人。這兩種驅力在嬰兒期是混沌不分的，但後來在演化中區分開來，且經常呈現相互衝突的目的：感官上短暫的滿足相對於人的長久利益。

到了後來，佛洛伊德就會看到這兩種驅力在源頭跟本質上都屬力比多，其中之一是 id 的衝動相對較直接的表現，另一則是間接而具有各方面調適性的表現，其中比較完整的功能乃是系統 ego 所起的轉化與調節作用。這就顯示出 ego 本能中的「ego」的所指乃是做為行事者的人（因此就是個主體），他可以精打細算並且鎖定目標地追求他自身的利益，其所通過的活動途徑就是佛洛伊德後來所辨識的系統 ego。

不過，這裡必須提示一下，「ego 驅力」一詞，在文法上就是曖昧的，不論在德文或英文皆如此。單從語法的構成來說，就不清楚這個 ego 究竟是這個驅力衝動的主體（主詞）？或是客體（受詞，即對象）？

當然兩者皆是。正如在自戀症的案例中，「ego 驅力」讓自己這個人成為心靈投注的主體也兼對象。能把自戀症從 ego 驅力中區分出來的並不是**對象**，而是驅力的**目的**。有如佛洛伊德後來寫道：前者追求的是享樂，而後者追求的是如何斯能有益於人自身（1916-1917, p. 417）。

在此給〈論自戀症〉一文中的「Das Ich」之用法做個摘

要。此詞有三種主要的意思：

1. 「The self」（自我）：人自身做為力比多或自我保存的心靈投注之意向對象。
2. 「實際的自我」：以人自身做為投注的實際對象，有別於意向的對象。在德文中，這個概念的寫法是「Das aktuelle Ich」（實際的我）或「Das wirkliche Ich」（真實的我）。亦即在意向的自我與實際的自我之間顯然有別，可參見德文本 pp. 161-162。
3. 「The ego」：人是個有意識的主體或審查人，這是在日常語言中的用法，不過，它有時會帶有「系統結構 ego」的理論觀念意謂。德文的寫法是「Das Subjekt Ich」（主體我 [主詞我][24]）或「Das Subjekt」（主體 [主詞]）。

當這些區別成為問題時，佛洛伊德會一貫堅持地使用德文的術語，如上所述。但當它不成問題時，他就會無區別地使用「Das Ich」來指以上所有的意思。

驅力及其週期興衰（1915a）

這篇驚人的作品包含著有力而精緻的討論，就是針對先前一

---

[24] 譯註：「主體我」換用文法來說，就是「主詞我」，尤其在日常語言中如此。下文亦同。

篇的主題：在（自戀的）主體與（依附型的）對象之間的投注關係，以及在 ego 與性本能之間的交互運動。主要的進展在於認同作用所扮演的角色，而這是在〈論自戀症〉一文中僅有含蓄的表達，到此才做了長足而完整的展開，雖然這個字眼只出現了兩次（pp. 129, 132）。

「Das Ich」一詞在此持續了〈論自戀症〉中同樣的用法，具有多重的意思。然而，使用認同作用的觀念，導致理論的擴延。這需要對於佛洛伊德的討論加以詳述，看看他如何處理施受虐症（sado-masochism）的進化（pp. 127 134）。他區分出以下的四個階段：

階段一。有一個他者成為對象，是暴力與權力所施的對象。[25] 按佛洛伊德晚年理論來說，是有個他人變成了攻擊性衝動的對象。

階段二。做為對象的他人，由自身（die eigene Person，在《標準版》中被譯為「the subject's self」）來取代，在其中的乃是同時為攻擊性衝動的主體（das Subjekt）與對象（die Person als Objekt）（p. 127, G.W. p. 220）。這個活動的傾向稱為「自虐」（selbstbestrafungen）。

階段三。在階段二中被逆轉的乃是對

---

25 譯註：達文西（Leonardo da Vinci 1510）的作品，很生動地為佛洛伊德預告了此一主題。這個他者，就是聖嬰正在施虐的小綿羊。

象,到了階段三是連**主體**也被逆轉,在於所追求的他人是為了「取代主體的角色」(p. 127, *G.W.* p. 220)。這就是受虐症。其活動傾向是「被動」,佛洛伊德用此來表示他人變成了行動的主體,而人的自身則變為對象,也就是把標準的依附型關係予以完全**翻轉**(如同階段一),在其中人自身是主體而他人則是對象。當然,佛洛伊德說:「每一個驅力就是一個活動的片段」;在此所謂的被動乃是成為本能的**目的**(p. 122)。「Ego 主體」(Ich- Subjekt)之被動乃是相對於外在刺激而言,但透過其自身的本能則仍是主動的(p. 134, *G.W.*, p. 227)。此人會持續以他人做為行事者而施行其主動的主體性。

階段四。還有另一個逆轉,即做為受苦對象的自身被投射認同於他人,而他人做為主體的認同則被撤除,於是,人自身再度成為主動的主體並主持審查之務(pp. 128-129)。這個羽翼豐滿的施虐症跟階段一的施虐症有可區別之處,在於其中包含了一個外部的受虐者。經由認同作用,享樂不只會從權力施作之中導出,還能從事實上所受之痛苦裡享有(或者,更廣泛地說,正是來自屈從)。真正有效的乃是主體由他人而來的感受(痛苦)或動機(屈從)。

一套飽滿成熟的施受虐關係乃是一套合作的作業,在其中一個人是階段四導向,而另一人則屬階段三。透過複雜的交互認同作用網絡,其中的每一人既是主體也是對象,且能讓對方是主體也是對象,其法使得力比多衝動與攻擊性衝動有可能對兩者成為一條整合的出路。

在以上的這些討論中，佛洛伊德很清楚地表達出且延伸出一種區別，亦即在做為主體的人（Das Ich-Subjekt, das Subjekt）以及做為對象的人（Die Person als Objekt）之間。在做為對象的人當中有兩個面向之別，亦即意向的自我與實際的自我（Das Ich versus Das aktuelle Ich）之間，這區別沒用上，且說實在的，這跟目前處理的概念也並不切題。

認同作用，「THE EGO」，以及「THE SELF」

佛洛伊德在 1920 年對於這對結構詞組 ego-id 的引介，以及併隨而來的本能理論之最終陳述，標明了嶄新一波理論發展的起頭，在其中有認同作用的觀念，在過去只是含蓄地使用，至此則旗幟鮮明地上前來成為核心主題。「Das Ich」一詞到此的用法有三個主要的意思：**ego 做為主體**，**系統 ego**，以及 **self**。Ego 做為主體的觀念用得很有彈性，從最廣義地做為整個人的主體，包含著整套心靈系統，到狹義地指稱的人，是個有意識且有目的的行事者。佛洛伊德在特指他心目中的這好幾個意思時，比起從前要比較不那麼小心翼翼，從一個意思跳到另一個意思時沒特別註明，有時竟是在同一個句子裡，還常顯得意謂擴散，而那竟是我要費盡心思來加以條分縷析的。

佛洛伊德對於認同作用的理論是相當龐雜的。我在此若能擇其梗概做個處理，就已經心滿意足了。我會聚焦於「Das Ich」所指的種種意思，以及其間的交互關係。在有關認同作用的文獻中，有好幾個概念會被分別處理為：內部化（internalization），內射（introjection），認同（identification [指最狹義的]），含攝（incorporation），以及身分同一性（identity）（Meissner, 1970, 1971, 1972, 1980）。無論如何，我對此詞主要的用法就是佛洛伊德最常用的那種整體包含的意思。其中未加修飾的「ego」將會像佛洛伊德那樣運用，就是指**做為主體的 ego**，而在其文脈中，**系統 ego** 所扮演的就是要角。（尤其請參閱 1925,

p. 133.）.

「The Ego」與「The Self」之發展

在上文中曾指出：佛洛伊德相信人的自我是從地球的始元物（ur-object）中分化並演進而來的，且此一過程中已預設了**系統 ego** 的某些發展。認同作用的理論為此圖象增添了下述的光景：

為了讓每個小孩都能形成一個**自我**（a self），好讓它能成為投注的對象，它就必須有能力透過他人之眼來看自己，亦即它看見的自己必須像別人所見一樣，其中最基本的就是個有別於他人的人，然後，更特別的就像是個「小女娃」，或「調皮仔」，等等。因此，打從一開始，就存在著雙重的認同。首先，小孩把父母的態度與思維模式接收過來變為己有，亦即，**ego 主體**與父母認同。其次，透過這些態度與思維模式，小孩把它的自我定義為跟父母一樣，換言之，自我的形成乃是透過認同父母而然。

以上的第二個過程需要以第一個為前提，以此而言，第一個過程才是更為基本的。誠然，佛洛伊德說：認同作用乃是「與他人的情感連帶（emotional tie, Gefühlsbindung）之最早的表達」（1921, p. 105）。原則上它先於對象選擇（object choice）。

> 要用一條公式來陳述向父親認同與選擇父親為對象這兩者之別，是很容易做到的。在前者，小孩的父親就是他想要成為的人，在後者，父親就是他想要**擁有**的[粗體字為佛洛伊德強調]。也就是說，這兩者的區別

其情感連帶究竟是連到 ego 的**主體**或是連到**對象**上 [粗體字為本文作者強調]。因此，前一類的連帶在做出任何性對象選擇之前就已有可能。要為這種區別做出明確的後設心理學陳述其實是要難得多。我們只能看著認同作用所費的勁如何型塑人自己的 ego，並且是在他取之為楷模的那種樣態之後（1921, p. 106. 亦可參見 1923, p. 31）。

正如這段文字所顯示的，在此與父親認同的乃是 **ego- 主體**。我們所當處理者是比**系統 ego** 的發展更為寬廣的問題，雖然後者一定會不可避免地捲入其中。

佛洛伊德的要點在於：不可能有個對象是沒有 ego 來**擁有**的對象，並且既然是認同作用在型塑 ego，則此一過程就意謂它是先於任何對象選擇的。以此而言，ego 就必先於 self，然而實際上，兩者的發展都透過認同作用，因此它們是肩並肩同行的。原始的 ego 建立起原始的 self，而 ego 會進化，self 亦然。（不過，兩者的發展是在不同的層次，而非一個取代另一個。）

以上的推敲所弄清楚的是：在展開認同作用的理論之時，佛洛伊德心目中的「Das Ich」，其意思會從一個跳到另一個，而其中並沒有矛盾。認同作用同時型塑了 ego 和 self 兩者，而前者既是個主體，也是一套系統。

無論如何，值得注意的是：認同作用並非創造出 the self 的唯一途徑。除此之外，正如上文所討論的，還有自我感知，在其

中所建立的 self 就是根據主體所感知的自身是什麼樣，以及心靈的所需為何，這些也傾向於使 self 成為主體所情願變成、所希望變成，或所恐懼自己會變成的樣子。系統 ego 也會受到認同作用以外的因素所型塑，其中包括基因決定的生理發展，以及不直接與認同作用相關的防衛過程（Hartmann, 1939, 1950）。

謝佛（1968）曾企圖澄清佛洛伊德在上述引文中提到的後設心理學難處，他是利用視覺化的兩階段過程。首先，主體形成一套內射體（an introject）：是一種「初級歷程的呈現」。謝佛將此內射體理解為一套心理再現物的情結，但這樣的理論產物是撐不住的，實際上他自己也已經予以撤棄。譬如他把內射體視為一個「不朽的對象」（pp. 220-236）。但很顯然並非這種再現物的本身堪為不朽，而毋寧是所再現的對象，亦即是那個內射體才具有不朽的性質。當謝佛在使用概念時，這個「內射體」看來正是布倫塔諾所謂「不存在的」對象：一個意向的對象，有如獨角獸或福爾摩斯，人可以想得到，甚至可以跟它產生情感關係，但它們並不指涉到任何實際的對象。

其次的第二階段，謝佛將此主體圖象化為「認同於」此一內射對象：

> 在此過程中，修飾了他的動機與行為組型，並使**自我再現為與此互相呼應** [亦即 the self]，這麼一來，就會體驗到很像，或相同於，且能匯合到該對象的一個或多個再現物（1968, p. 140，粗體字強調及方括弧為本

文作者所加）。

謝佛在此暗地裡區分了認同作用的兩個面向，亦即 ego 的形成與 self 的形成，但他拒絕給 the self 的任何面向予以加重處理，因為它不能「呼應於實際上的動機與行為組型」（p. 150）。結果他對認同作用的處理幾乎全都聚焦於它對於 ego 的衝擊。有一篇對於認同作用在 self 形成上較好的處理是山德勒及羅森布拉特（Sandler & Rosenblatt 1962）的文章。不過，兩位作者除了在 superego 之外，對於 ego 的建立方面幾乎全都忽略了。雅可布森（Jacobson 1964）倒是兩面顧及，但他未能對其間的差異做出充分的區別。

The Ego 與 the Self 的性格特徵

在《「我」與「它」》（*The Ego and the Id*, 1923）一書中，[26] 佛洛伊德強調了對象投注已由認同作用所取代，且由茲而建立起「ego 的性格」（p. 28）。在一段常被引用的段落中，他接著說：

> 這認同作用很可能是唯一的條件，在它之下的 id 才能放棄其對象。無論如何，此一過程，尤其在性格發

---

[26] 譯註：這本書常見的書名翻譯就是《自我與本我》。由於譯名過於扭曲，已在本書中改譯為《我與它》。

展的初期，很常出現，而它使我們可憑此認定 ego 的特性就會逐漸醞釀成對象投注的放棄。（p. 29）

重要的是：應把型塑 ego 與型塑 ego **性格**的認同作用區分開來。我們以前者來處理次級歷程、現實考驗、語文思維、中性的驅力能量等等的演化，亦即主要是在處理系統 ego。後者則是用來處理一板一眼、節儉吝嗇、頑固倔強，以及在其底層的驅力導向，亦即以 ego 的性格為主體。在《「我」與「它」》一書中，佛洛伊德的分析在這兩種意思之間穿梭——這也是此一作品內容複雜萬端的原因之一。

佛洛伊德在處理認同作用對於 ego 主體之性格形成所扮演的角色時，又增添了 整個新的章節——事實上是兩章——即在《性學三論》的處理之外，在其中道出人類的性格乃是力比多本能週期興衰的結果。對此必須增添的不只是攻擊性本能的影響，正如它在發展中的逐漸伸張，此外還有——這裡就要談到——認同作用的影響。事實上一個人為何會有板有眼、堅吝、頑固，這就可得到解釋，也就是說，並非因為從性蕾期退行並固著在肛門期，而是以另一種的防衛歷程，在其中此人承受了肛門性慾的傾向，因為那就是父母的傾向。在後者的情況下，同樣的防衛歷程也可能產生出不同的性格，假若父母的性格是另一個樣子的話。很顯然，佛洛伊德在此兩種性格形成的面向之間沒看出什麼矛盾，但他也無意去加以整合，而在後來的文獻中，此一議題也變得稀稀落落了。（但可參見 Schafer, 1979; Baudry, 1983,

1984）。

Self 也有其性格。我們可稱之為我自身（身體我）（Körper-Ich，常被英文翻譯為 'body-ego'）的性格特徵（characteristics），譬如男人味／女人味，強大／弱小，等等，以有別於實際的體格特色。在動機或行為意指上，self 的「性格」更常指一個人為「淘氣鬼」，「好女孩」，等等。正如這些例子所示，要界定 self 的性格還常伴隨著關係性的描述兼評價（譬如：「爹地的乖女孩」，「男人婆」，「娘們」，等等。）

至於與 ego 性格相對的 self 性格，雖是經由認同作用而形成，但我們在此仍得承認自我感知與心靈需求的額外影響。當佛洛伊德說「Das Ich」乃是「會逐漸醞釀成對象投注的放棄」（如上文所引）之時，這句話很可以讀成既指 ego 也指 self。誠然，在《「我」與「它」》的第二、第三整章中，對於「Das Ich」的用法看起來就已經有系統地合併乃至涵括了兩個概念。我會在最末一節再回來談這個問題。

The Superego, the Ego, and the Self

要詳論佛洛伊德對於 superego（超我）[27] 的理論，不是本文的篇幅所能容許的，因此只作概要的簡述應該就夠了。

佛洛伊德說得很清楚，超我並非系統 ego 的一個分區（譬

---

[27] 譯註：「超我」這個譯名跟 ego/self 不會產生混淆的問題，因此以下逕用中文譯名。

如 1933, p. 78）。說得比較仔細些，系統 ego 的特徵在於其語意活動，並且是一套特別歷程與功能的主要（但非唯一）中心。與此相對的超我乃是個動機系統，會跨越 ego-id 這條線。[28] 其中包含一組相互關聯的投注以及心靈活動，形成了可稱連貫的整體，於是當此系統中發起的動機跟不在此系統中的動機起了互動時，此互動（譬如衝突）就會被設想為不只是動機之間的關係，而是系統之間的關係。在此情況下，在系統 ego 之中兩種動機的衝突（譬如一方面由語文所接合的道德欲望，與另一方面想要獲得利益的欲望之間）就會被理解為超我與 ego 之間的衝突。於是在 id 的種種衝動之間的衝突，也可被理解為超我與 id 之間的衝突。要點在於超我所屬的那個「ego」乃是做為主體的 ego，而非系統 ego。

佛洛伊德的超我概念是從上文所論及的 1914 年作品之中的**理想自我**（ideal self，德文 "Idealich" 或 "Ichideal"，譯按：亦可稱為「自我理想」）演化而來。但這兩個觀念有相當的差異。前者是個力比多投注的（意向）對象，而後者則是個動機的系統。在〈群體心理學與自我的分析〉（"Group psychology and the analysis of the ego", 1921）一文中，此詞的意思似乎有點彆扭地在兩概念間轉換。這個概念得以穩定下來成為動機系統，是要到 1923 年正式引介「超我」一詞之後。

就技術上而言，「Idealich」做為意向的對象，與超我做為

---

28 譯註：「跨越 ego-id 這條線」的說法，最好參看本書第一章的附圖。

動機系統，是兩個截然有別的概念（Henly, 1974），但彼此間有密切關聯。1914 年的「Idealich」很可以善加描述為 ego 所創造的理想，而它也在自身中堅持下來（亦即在實際的 ego 中堅持）而成為楷模。（此義正是佛洛伊德在 1916-1917 的 p. 429 中這麼寫的。）很顯然，有個楷模能在 ego 中樹立起來的想法，就隱含了一個能夠樹立楷模的 ego，並且由茲而以力比多（或攻擊性）的能量來向自身投注，到了一定的程度，使得人自己的行動可感知為與楷模一致（或不一致）。因此，超我做為動機系統早已隱含在佛洛伊德 1914 年的思想中。以這些字眼的使用，到了 1921-1923 年間做出果決的轉換，方才完全承認：超我乃是做為主體的 ego 之中一個**截然有別的分區**。

Ego 與 Self 之間的相互影響

佛洛伊德最基本的理論觀念，即關於投注的，乃是建立在主體與對象的兩極性上。投注有個由主體到對象的方向（透過感知、記憶、愛恨，等等）。主體與對象之為兩極，正如從北極到南極那樣的意思。它們是對立的；但任何一極若沒有另一極的存在就完全無從定義或理解。對象也從而展現了從自我到他者之間的兩極性。

不只是主體與對象都隱含或需要另一方；還有一個意謂就是雙方的互相**創造**。作為主體的 ego 建立起其投注的對象，經由的途徑就是感知與記憶，希望與恐懼，愛與恨。看得更仔細點，ego 型塑了 self，在很高程度上是根據他者（做為意向的對象）

之性格。這種型塑的方式可為直接的或間接的。在前一種情況下，self 是以他者為模型。在第二種情況下，做為主體的 ego 採用了他者的性格，在認同作用的另一階段，然後透過現實的自我感知（在此是由系統 ego 主演），於是 self 就以實際的自己這個人為楷模而型塑起來。在另一方面，防衛機制或其他因素也可能造成不現實的自我感知，結果在某程度上 self 的性格就會不同於實際上的性格（亦即 ego 做為主體的性格）。這就是 ego 型塑 self 之道，也就是**或多或少既像自己也像他者**。

換個相反方向來說，對象之能創造主體，是一種隱喻式的說法：實際發生的事情就是主體以對象為楷模而組織起並型塑了其自身。其中最重要的面向即為向他者（做為意向的對象）的認同作用，系統 ego 由此獲得其特有的歷程與功能，而 ego 做為主體的性格也從而創造出來。此外，ego 做為主體之能夠以其自身的楷模，就是既能為 self（譬如說，如果一個人把自己視為勇敢，這就會使他傾向於勇敢地行動）也能為理想 self（譬如一個人若想要勇敢，這就有助於使他勇敢地行動）的楷模。這些當然不是型塑 ego 的唯一因素。如前所述，我們必須把基因決定的影響以及本能發展的興衰週期也納入說明，還要把認同作用之外的防衛機制都包含進來。

對於「自我心理學」的一些評論

近年來,「自我心理學」逐漸冒上檯面,成為很受精神分析注意的話題。在這接近結論的段落,我要提供幾則註記,是跟這裡展開的話題材料相關的,也跟當今精神分析理論的整體發展有關。

對於「Self 的分析」[29]

在上文的討論中我試圖澄清的就是:the self(自我)並非心靈系統的一部分。它不是一樁心理事件,或狀態,或結構,或一組心理歷程。說真的,self(自我)確是由心靈系統所定義、所建構的,但它之不是該系統的一部分,正如一具雕像不是雕刻家的一部分。其後續的發展就是自我心理學成為對象關係理論[30]的一個分支:自我乃是我們(做為主體)所關連到的對象。

有三點從本文宗旨而來的延伸之論。第一點,嚴格說來,我們不能說有個無意識的自我。這個字眼只能以隱喻的方式,用來指涉無意識的心靈歷程或狀態,人(做為主體)是由茲而建構起或關連到其自我。人之無意識也只能**屬於**其自我。

第二點,再嚴格說一遍,自我不能有什麼跟它起衝突。它可以包含一些因子,其間或有互相違和或不一貫之處,但以動力意

---

[29] 譯註:這裡談的並不是「自我分析」(self-analysis)。
[30] 譯註:「對象關係理論」就是常見的「客體關係理論」。本文不用「客體」,其理由已見於譯者前言的文末。

謂而言的「衝突」，乃是心靈系統（心即做為主體的人）所遭逢的某種事態（something）。人所建立起或關連到自我的心靈歷程有可能跟什麼起衝突，或具有衝突性的驅力，但那並不是自我。

第三點，依同樣的道理，「自我的分析」一詞所隱喻性地指涉者乃是對於心靈歷程的分析，其中包括自我的創造以及投注。所分析者無非總是指做為主體的人。

無論如何，「自我的分析」一詞所指者乃是精神分析的一個重要面向，在理論與實務工作上皆然。我在此就要來對此一話題的兩階段做個扼要的處理：self 對 ego 的關係，以及自我投注的組織。

Ego 與 Self 關係之中的難題

試想想這樣的處境：self 在完全現實的自我評鑑過程中形成，於是它的性格就會忠實反映出 ego 主體的性格。當然永遠有個原始的 self 會埋藏在此現實的 self 之下，但其中也會有原始的 ego 主體，那就讓我們假定此兩者可以完全和諧、相安無事。此外也會有個理想的 self，也就是超我對 ego 所持的楷模。我們就假定這個理論模型是合理的，而 ego 總是能夠根據自己的標準來過活而不會感到不當的壓力，於是在（真正）相信自己所是的 self，和一廂情願的 self，之間就不會有太大的偏差。

在這樣的認定之下，ego 和 self 的性格就會大致相同，這麼一來很可能做為主體的 ego 在關於它與 self 的關係上就不至於有

什麼嚴重的衝突;於是在 ego 和 self 之間的區別,以務實的目的而言,就可予以忽視了。然而正是在此存在著重要的差別,尤其在此包含著心靈的衝突,因而區別就是必要的。

這方面的處境受到佛洛伊德高度注意的,乃是 self 之中區分為(1)力比多所投注的「好我」,也就是自己情願是的樣子,以及(2)攻擊性投注形成的「壞我」,亦即自己相信自己所是的樣子。[31] 以上兩者其實都不太像主體 ego 的實際性格。這樣的分裂既反映也持續了在 ego 主體內的衝突,而此衝突的解決之道可期望為更強大更穩定的力比多投注,用的是 self 之中更為現實的面向(健全的自戀),再加上把一些過度樂觀的「好我」以及過度悲觀的「壞我」之上的投注予以撤除。在此之外還要期望 ego 的實際性格中也做出一些調適的改變。由古典精神分析理論的觀點來看,這些發展必須視為「通透」(working through)過程的一部分,而此過程在衝突的無意識向度上暴露之時,就會展開。

然而,在 ego 與 self 之間的差別並不需要圍著超我打轉。用一個極端的例子來說,在某種狀況下,一個人的生理性別或男或女,但其中總是有個身體的 self,一定會用異性來做為其定義。

正統的佛洛伊德派理論把所有這些差別都視為對心靈衝突未能成功處理的後果。當然有好幾種方式可用以對衝突做出更適當的處理(譬如:環境的改變、更佳的防衛,或在極端狀況下動用

---

[31] 譯註:此句中的(1)、(2)兩個標號係譯者所加。

變性手術），但用古典精神分析的方法來治療 ego 與 self 之間的斷裂，就是對於潛伏其下的衝突加以分析，並使它得以通透。

自我組織與投注的難題

Self 也可能遭逢好些難題，在其中，ego 的性格與 self 的性格之間的對應或缺乏對應都不是核心的課題。

首先，self 之中分工為若干個不一貫甚或不相連的局部，會導致「身分認同」（identity）的難題：困難在於「不知道自己是誰」，於是也很難形成強健且穩定投注的 self。其次，self 會受困於種種的不連貫性：其性格缺乏清楚的表達或定義。第三，在把 self 與他者分化為不同對象時所碰到的困難，使得 self 缺乏明確的中心或邊緣。第四，self 的性格可能會很不穩定，焦點模糊，或從一組到另一組性格特徵之間徘徊不定。

Self 在形成與組織上的這些難題，不可避免地會阻礙對於 self 進行強健而穩定投注的可能性，於是那就不可能達成「健康的自戀」，甚或「健康的受虐戀」（如果我能大膽使用這種說詞的話）。

正統精神分析理論也會把這些難題視為肇因於系統 ego 的功能無法充分行使，其起點乃是對於衝突不能成功處理。對於衝突的分析方式就是讓 ego 的功能變好，而這就會回過頭來導致良好顯示，整合起來，並受到充分投注的 self 得以建立，而其途徑無非是經由通透的歷程。

當寇哈特從傳統精神分析理論與實務分歧而出之時，他所

衷心相信的乃是：病理學上的 self 可能不是來自對衝突不成功的處理，而是早期不充分的對象關係。然而他對於「self」的概念跟佛洛伊德發展出來的大多是一樣的，但此恩情未獲承認，而在寇哈特的多番處理之下，self 與 ego 之間的區別就只能潛伏不彰。[32] 結果他所呈現出來的理論有部分不易看清在什麼程度上不是由佛洛伊德所發展出來的，而只是與他自己的思想一致，另外，也不易看清在何種程度上他的觀念可說是真正的改革理論。

---

32 譯註：寇哈特的理論中確實使用了 self 與 ego 這兩個不同的詞彙。其中的後者多半沿襲 ego psychology 的用法，就是指做為 self 的對象，也就是指 self 的一個局部。

結論

　　本文的目的不在於對這些問題提出實質上進一步的結論，而是要澄清問題，透過的方式就是重新檢視佛洛伊德某些主要著作的文本，聚焦在「我」的好幾種意謂及其間的交互關係上。在此，當他的用語常常不太準確時，他的概念卻不然。正如我已經嘗試作出的表現，其理論本身，就算在某些重要面向上並不完整，卻依然保持著連貫性與慧眼獨具。很不幸的是，在其後的許多文獻上都不能這樣說。

　　特別在於佛洛伊德所做出的若干區別，只是在當時剛好觀察到，仍需要後繼者再往下發展。其中首要者乃是一個人的心靈活動之做為主體（ego）以及做為對象（self）之間的區別。不論其間相互滲透得有多深，兩者就不是　樣，並且，其互動的本質實際上根本難以掌握，除非我們能夠維持住此區別。在此只徵引一個顯例：謝佛（1968）將「內部化作用」（internalization）定義為一種歷程，用以型塑主體的調節活動及其性格特質。此說法所忽視的歷程是做為對象的 self 用了他者做為楷模而得以型塑。我們在此所處理的並非自我調節，而是自我定義與自我理解。我們必須分辨的是：（1）主體 ego 的性格，是它在進行調節，以及（2）self 的性格，是受到投注使然。[33] 我們在此當然就會產生內部化的第二種面向——亦即是此一作用跟前者的相互滲透。

---

33 譯註：同前，本句中的（1）、（2）兩個標號係譯者所加。

2　佛洛伊德思想中的 Ego 與 Self　│　183

其次，有必要弄清「ego」一詞的廣義與狹義：在「ego 做為主體」，與「ego 做為人主體之心靈活動的次系統」之間。我要再引用一個例子：正如佛洛伊德已經表明的，次級歷程乃是**整個 ego** 主體的活動，在其中**系統 ego** 扮演著核心的要角，但絕非獨掌一切。譬如說，如果在此區別上失敗，就會導致**系統 ego** 的實體化，變成好像心靈系統之內的某種小矮人。

第三，在做為意向對象的 self，跟做為投注與行動之實際對象的 self，兩者之間斷然有別。譬如，當一個人恨自己的 self 時，他是在恨做為意向對象的 self；但當他在懲罰自己時，受懲罰的是他實際上的身體（做為對象），而受苦的是（做為主體的）他。

第四，一方面在 ego 和 self 之間有別，另一方面，在 ego 的性格和 self 的性格之間也有差異。性格是個有結構的觀念：人做為主體或對象，在活動當中有穩定的組織。事物跟事物的性格，是在概念中的不同抽象層次，若把這些層次合併起來，嚴格說來，就是製造了範疇失誤。然而這兩個概念經常會互換使用，而這並非完全沒道理。當「我」做為主體與「我」做為對象時，就是兩回事，只要現實的自我感知在此時還能扮演其角色，則他們可有相同的性格，因此也可取個同樣的名字，意思是說，一棟聳立的巨型辦公建築，跟沙地上畫出來的圖示，都可稱為「五角大廈」（亦即它們都具有相同的結構）。

這些差別，佛洛伊德以無比的力量與洞識來加以使用，只當

精神分析正面迎擊未解的難題之時,就很需要再繼續運用下去,且更能向新的探究領域邁進。

摘要

對於佛洛伊德所用的「Das Ich」（「我」）一詞之發展、其本質、及其間的相互關係，有三種主要的意思，那就是：

a. **The ego**——人做為**主體**，此人有欲望、思維、情感、行動。對此概念的使用很有彈性，其詞義範圍可從全面的意謂到狹隘的意謂，從心靈系統的整體到有目的、有意識的行事者，再到概念術語「系統 ego」：這是指一個心靈的次系統，其所扮演的關鍵角色就是為人主體組織並導引其活動。

b. **The self**——人做為其自戀或攻擊性投注的對象：即為此人所相信、所祈願、所希望自己所是的那個人，以有別於實際上的對象，個人自己（或他人）實際上的人身。這種對象的概念（今日多稱為「意向的對象」）乃是從布倫塔諾（佛洛伊德的老師）的思想中導引出來的。

c. **The character**——是相互關聯的行為或思想特質形成的一組穩定徵候群。在 ego 和 self 兩者都具有其性格，是以不同的方式形成，兩者也在各種變化的程度上彼此相似。

參考書目

AQUILA, R. 1982 On intensionalizing Husserl's intentions. Nous 16 209-226

ARLOW, J. & BRENNER, C. 1964 *Psychoanalytic Concepts and the Structural Theory*. New York: Int. Univ. Press.

BAUDRY, F. 1983 The evolution of the concept of character in Freud's writings. J. Am. Psychoanal. Assoc. 31:3-31

BAUDRY, F. 1984 Character: a concept in search of an identity. J. Am. Psychoanal. Assoc. 32:455-477

BRENTANO, F. 1874 *Psychology from an Empirical Standpoint*. Atlantic Highlands, N.J.: Humanities Press, 1973

BRENTANO, F. 1930 *The True and the Evident*. Atlantic Highlands, N.J.: Humanities Press, 1966

CHURCHLAND, P. S. 1980 Language, thought, and information processing. Nous 14 147-170

EISNITZ, A. 1980 The organization of the self-representation and its influence on pathology. Psychoanal. Q. 49:361-392

FREUD, S. 1895 Project for a scientific psychology.《方案計畫》*SE* 1（1950）

FREUD, S. 1900 The interpretation of dreams.《釋夢》（或《夢的解析》）*SE* 4 & 5

FREUD, S. 1901a The psychopathology of everyday life.《日常生活的心理病理學》*SE* 6

FREUD, S. 1901b On dreams.〈論夢〉*SE* 5

FREUD, S. 1905a Three essays on the theory of sexuality.《性學三論》*SE* 8

FREUD, S. 1905b Jokes and their relation to the unconscious.《詼諧及其與無意識的關係》*SE* 8

FREUD, S. 1908 Character and anal eroticism.〈性格與肛門情慾〉*SE* 9

FREUD, S. 1911 Formulations on the two principles of mental functioning.〈心理功能之兩種原則的陳述〉*SE* 12

FREUD, S. 1914 On narcissism: an introduction.〈論自戀症：一則導論〉*SE* 14 ; German edition: *GW* 10

FREUD, S. 1915a Instincts and their vicissitudes.〈本能及其週期興衰〉*SE* 14; German edition: *GW* 10

FREUD, S. 1915b The unconscious.〈無意識〉*SE* 14

FREUD, S. 1916-1917 Introductory lectures on psycho-analysis.《精神分析導論》*SE* 15 & 16

FREUD, S. 1920 Beyond the pleasure principle.《超越享樂原則》*SE* 18

FREUD, S. 1921 Group psychology and the analysis of the ego.《群體心理學與自我的分析》*SE* 18

FREUD, S. 1923 The ego and the id.《「我」與「它」》*SE* 19

FREUD, S. 1925 Some additional notes on dream interpretation as a whole.〈夢之全體詮釋的一些額外評註〉*SE* 19

我與它：附麥肯拓昔對於佛洛伊德「自我」概念的進一步論述

Freud Is Back III: New Translation of Sigmund Freud's *The Ego and the Id*, with a Further Discourse on Ego and Self by Donald McIntosh

著—西格蒙特・佛洛伊德（Sigmund Freud）　選文、翻譯、評註—宋文里

出版者—心靈工坊文化事業股份有限公司
發行人—王浩威　總編輯—徐嘉俊
責任編輯—裘佳慧　內文排版—龍虎電腦排版股份有限公司
通訊地址—106 台北市信義路四段 53 巷 8 號 2 樓
郵政劃撥—19546215　戶名—心靈工坊文化事業股份有限公司
電話—02）2702-9186　傳真—02）2702-9286
Email　service@psygarden.com.tw　網址—www.psygarden.com.tw

製版・印刷—中茂分色製版印刷事業股份有限公司
總經銷—大和書報圖書股份有限公司
電話—02）8990-2588　傳真—02）2290-1658
通訊地址—242 新北市新莊區五工五路 2 號（五股工業區）
初版一刷—2024 年 12 月　ISBN—978-986-357-413-2　定價—460 元

The Ego and the Id by Sigmund Freud (1923/1957), trans. and ed.
by James Strachy, in The Standard Edition of the
Complete Psychological Works of Sigmund Freud, Vol. 19, 1-66.
'The ego and the self in the thought of Sigmund Freud' by Donald McIntosh,
originally published in Int J Psychoanal, 1986;67 (Pt 4):429-48. ©1986 by Donald
McIntosh and The International Journal of Psychoanalysis. Reprinted with permission.
Complex Chinese translation copyright © 2024 by PsyGarden Publishing Company

ALL RIGHTS RESERVED

版權所有・翻印必究。如有缺頁、破損或裝訂錯誤，請寄回更換。

國家圖書館出版品預行編目資料

我與它：附麥肯拓昔對於佛洛伊德「自我」概念的進一步論述 / 西格蒙特・佛洛伊德（Sigmund Freud）著、宋文里選文、翻譯、評註．
－－ 初版．－－ 臺北市：心靈工坊文化事業股份有限公司，2024.12
面；　公分．－－（Master；093）
譯自：The Standard Edition of the Complete Psychological Works of Sigmund Freud
ISBN 978-986-357-413-2（平裝）

1. CST：精神分析學

175.7　　　　　　　　　　　　　　　　　　　　　　　　　　113018919

心靈工坊 書香家族 讀友卡

感謝您購買心靈工坊的叢書,為了加強對您的服務,請您詳填本卡,直接投入郵筒(免貼郵票)或傳真,我們會珍視您的意見,並提供您最新的活動訊息,共同以書會友,追求身心靈的創意與成長。

書系編號—MA 093 書名—我與它:附麥肯拓昔對於佛洛伊德「自我」概念的進一步論述

姓名＿＿＿＿＿＿＿＿＿＿　是否已加入書香家族？ □是 □現在加入

電話 (O)＿＿＿＿＿＿ (H)＿＿＿＿＿＿ 手機＿＿＿＿＿＿

E-mail＿＿＿＿＿＿ 生日　　年　　月　　日

地址 □□□＿＿＿＿＿＿＿＿＿＿＿＿＿＿＿＿＿＿

服務機構＿＿＿＿＿＿ 職稱＿＿＿＿＿＿

您的性別—□1.女 □2.男 □3.其他
婚姻狀況—□1.未婚 □2.已婚 □3.離婚 □4.不婚 □5.同志 □6.喪偶 □7.分居

請問您如何得知這本書?
□1.書店 □2.報章雜誌 □3.廣播電視 □4.親友推介 □5.心靈工坊書訊
□6.廣告DM □7.心靈工坊網站 □8.其他網路媒體 □9.其他

您購買本書的方式?
□1.書店 □2.劃撥郵購 □3.團體訂購 □4.網路訂購 □5.其他

您對本書的意見?
□ 封面設計　1.須再改進 2.尚可 3.滿意 4.非常滿意
□ 版面編排　1.須再改進 2.尚可 3.滿意 4.非常滿意
□ 內容　　　1.須再改進 2.尚可 3.滿意 4.非常滿意
□ 文筆／翻譯 1.須再改進 2.尚可 3.滿意 4.非常滿意
□ 價格　　　1.須再改進 2.尚可 3.滿意 4.非常滿意

您對我們有何建議?

□本人同意＿＿＿＿＿＿(請簽名)提供(真實姓名/E-mail/地址/電話/年齡等資料),以作為心靈工坊(聯絡/寄貨/加入會員/行銷/會員折扣/等之用,詳細內容請參閱http://shop.psygarden.com.tw/member_register.asp。

廣 告 回 信
台 北 郵 政 登 記 證
台北廣字第1143號
免 貼 郵 票

心靈工坊
PsyGarden

10684台北市信義路四段53巷8號2樓
讀者服務組　收

免　貼　郵　票

（對折線）

加入心靈工坊書香家族會員
共享知識的盛宴，成長的喜悅

請寄回這張回函卡（免貼郵票），
您就成為心靈工坊的書香家族會員，您將可以——

⊙隨時收到新書出版和活動訊息

⊙獲得各項回饋和優惠方案